AF200360

Edwin Mayser

Grammatik der griechischen Papyri aus der Ptolemäerzeit

Edwin Mayser

Grammatik der griechischen Papyri aus der Ptolemäerzeit

ISBN/EAN: 9783744602679

Hergestellt in Europa, USA, Kanada, Australien, Japan

Cover: Foto ©ninafisch / pixelio.de

Weitere Bücher finden Sie auf **www.hansebooks.com**

GRAMMATIK

DER

GRIECHISCHEN PAPYRI

AUS DER PTOLEMÄERZEIT.

VON

Professor **EDWIN MAYSER**.

ALS PROGRAMMBEILAGE FÜR DAS HEILBRONNER GYMNASIUM.

DRUCK VON B. G. TEUBNER IN LEIPZIG.

1898.

1898. Prog.-Nr. 616.

Inhaltsübersicht.

I. Orthographie.

II. Lautlehre.

Vocalismus.

A. Einfache Vocale.

B. Vocalverbindungen.

C. Wohllautslehre.

Verzeichnis der hauptsächlich benützten Literatur und der dafür gebrauchten Abkürzungen.

I. Papyrustexte.

AEF = An alexandrian erotic fragment and other greek papyri chiefly Ptolemaic edited by *Bernard P. Grenfell.* Oxford 1896.

Artem. P. = *Blaſs*, ein griechischer Papyrus in Wien. Philologus XLI, 746 ff. [*)]

Berl. P. = Ägyptische Urkunden aus den königl. Museen zu Berlin, herausgegeben von der Generalverwaltung. Berlin 1892 ff.

Brit. = Greek papyri in the British Museum. 1. Catalogue with texts. 2. Facsimiles; edited by *F. G. Kenyon.* London 1893.

Chrysippus P. = *Theodori Bergkii* Commentatio de Chrysippi libris περὶ ἀποφατικῶν. Cassel 1841.

Dresd. = *C. Wessely*, die griech. Papyri Sachsens. Berichte der Gesellsch. der Wissensch. zu Leipzig 1885 p. 237 ff.

Eudoxuspap. = Eudoxi ars astronomica, qualis in charta aegyptiaca superest, denuo edita a *Friderico Blaſs.* Kiliae 1887.

I Fl. P. = The Flinders Petrie [dies der Finder] Papyri by *John P. Mahaffy.* (Royal Irish Academy „Cunningham Memoirs" Nro. VIII & IX). Part. I. Dublin 1891.

II Fl. P. = Desselben Werkes Part. II. Dublin 1893. Appendix Dublin 1894.

Gr. H² = Greek papyri, Series II. New classical fragments and other greek and latin papyri, edited by *Bernard P. Grenfell* and *Arthur S. Hunt.* Oxford 1897.

Leid. = Papyri graeci Musei antiquarii publici Lugduni-Batavi ed. *C. Leemans.* Tom. I. Lugd. Bat. 1843. [Tom. II. 1885 enthält nur Stücke aus nachchristlicher Zeit.]

Par. = Notices et textes des papyrus grecs du musée du Louvre et de la Bibliothèque Impériale, publication préparée par *Letronne*, exécutée par *W. Brunet de Presle* et *E. Egger*. (Notices et extraits de manuscrits de la Bibliothèque Impériale. Tome XVIII, 2.) 1. Textes. 2. Planches. Paris 1865.

R. L. = Revenue Laws of Ptolemy Philadelphus by *B. P. Grenfell* and an introduction by *J. P. Mahaffy.* Oxford 1896.

Taur. = Papyri graeci regii Taurinensis Musei Aegyptii ed. atque illustrati ab *Amedeo Peyron.* Pars I. Taurini 1826. Pars II. 1827.

Vat. = Papyri greci del museo Britannico di Londra e della biblioteca Vaticana tradotti ed illustrati da *Bernardino Peyron.* (Memorie della Reale Accademia delle scienze di Torino. Serie II. Tomo III). Torino 1841. [Vaticani A—D]. Zwei weitere vatican. Papyri [E und F] sind herausgegeben von *Angelo Maï*, Classicorum auctorum e Vaticanis codicibus editorum tom. IV et V. Romae 1833.

Wilck. Act. = Abhandlungen der Berliner Academie 1886. Anhang: Actenstücke der königl. Bank zu Theben, herausgeg. von *U. Wilcken.*

Zoispap. = Papyri greco-egizi di Zoide dell' Imp. R. mus. di Vienna ed. *A. Peyron* 1829.

[*)] *C. Wessely*, die griech. Papyri der kaiserl. Sammlung Wiens 1885 war mir leider nicht zugänglich.

II. Abhandlungen.

*Bl. A.**[1]* *Friedrich Blafs*, über die Aussprache des Griechischen. 3. Auflage. Berlin 1888.

Deifsmann. Bibelstudien von *G. A. Deifsmann.* Marburg I. 1895. II. 1897.

Gardthausen. Griechische Paläographie von *V. Gardthausen.* Leipzig 1879.

G. G. A. Göttingische gelehrte Anzeigen.

Hatzidakis. Einleitung in die neugriech. Grammatik von *G. N. Hatzidakis.* Leipzig 1892.

Hdb. kl. A. Handbuch der klassischen Altertumswissenschaft. Herausg. von *Iwan Müller.*

Hecht I. II. Orthographisch-dialektische Forschungen auf Grund attischer Inschriften von *Max Hecht.* I. Königsberg 1885. II. Gumbinnen 1886.

K. Bl. I. II. Ausführliche Grammatik der griechischen Sprache von *Raph. Kühner*, in neuer Bearbeitung von *Friedrich Blafs.* I. Bd. 1890. II. Bd. 1892.

Kr. K. W. Krüger, griechische Sprachlehre für Schulen. 5. Auflage 1875.

Kumanudes, συναγωγή λέξεων ἀθησαυρίστων ἐν τοῖς Ἑλληνικοῖς λεξικοῖς. Ἐν Ἀθήναις 1883.

K. Z. Kuhns Zeitschrift für vergleichende Sprachforschung.

Lautensach. Verbalflexion der attischen Inschriften von *Lautensach.* Progr. des Herz. Gymn. Ernestinum zu Gotha 1887.

G. Meyer[3]. Griechische Grammatik von *Gustav Meyer.* 3. Auflage 1896.

Mhs. K. Meisterhans, Grammatik der attischen Inschriften. 2. Auflage. Berlin 1888.

Phryn. Phrynichi eclogae nominum et verborum atticorum . . ed. expl. *Chr. Aug. Lobeck.* Lipsiae 1820.

Schm. Att. Der Atticismus in seinen Hauptvertretern von Dionysius von Halikarnafs bis auf den II. Philostratus, dargestellt von *Wilhelm Schmid.* Stuttgart. I. Bd. 1887. II. 1889. III. 1893. IV. 1896. Registerband 1897.

E. Schweizer[*]), Grammatik der pergamenischen Inschriften. Beiträge zur Laut- und Flexionslehre der gemeingriechischen Sprache. Berlin 1898.

Sophokles, greec lexicon 1888.

W. Schm. Georg Benedict Winers Grammatik des neutestamentlichen Sprachidioms. 8. Auflage, neubearbeitet von *P. W. Schmiedel.* I. Teil. Göttingen 1894.

C. Wessely, prolegomena ad papyrorum graecorum novam collectionem edendam. Vindobonae 1883.

    „   Bemerkungen zu einigen Publikationen auf dem Gebiet der älteren griech. Paläographie. 23. Jahresbericht des k. k. Staatsgymn. im III. Bezirk in Wien 1892.

    „   Der Wiener Papyrus Nr. 31. Wiener Stud. IV, 175.

    „   Der Wiener Papyrus Nr. 26 und die Überreste griech. Tachygraphie in den Pap. von Wien, Paris und Leiden. Wiener Stud. III, p. 1 ff.

Wilcken. Die griech. Papyrusurkunden. Ein Vortrag von Dr. *U. Wilcken.* Berlin 1897.

Witkowski. Prodromus grammaticae papyrorum graecarum aetatis Lagidarum scripsit *Stanislaus Witkowski* Cracoviae 1897. [Seorsum impressum ex XXVI. Tomo Classis philologicae Academiae Litterarum Cracoviensis.]

Vorbemerkung. Die nach einer Stellenangabe in Klammer gesetzte Zahl bedeutet, je nachdem a., c. oder p. davorsteht, die Jahre vor, etwa vor, oder nach Christi Geburt: z. B. (a. 164) = im Jahre 164 vor Chr.; (c. 240) = circa 240 v. Chr.; p. 300 = im Jahre 300 nach Chr. Geb. —

Eine eckige Klammer[ ] im griech. Text bezeichnet die im Original verlorenen, aber ergänzten Buchstaben.

---

*) Das Buch kam mir erst während der Drucklegung meiner Abhandlung zur Hand und konnte nur noch an wenigen Stellen benützt werden.

Vorwort.

Es liegt in der Natur der Sache, daſs eine Untersuchung über die Sprache der griechischen Papyri zur Zeit nur vorläufige Ergebnisse liefern kann: Bausteine zu einer künftigen grammatica papyrorum, die selbst wiederum nur als Teil eines gröſseren Ganzen, einer historischen Grammatik der griechischen Sprache, bedeutsam sein wird. Wie unabsehbar groſs das Material schon jetzt ist und täglich mehr anwächst, lehrt ein Blick in den höchst dankenswerten Vortrag, den *Ulrich Wilcken* auf der 44. deutschen Philologenversammlung in Dresden am 30. Sept. 1897 hielt.[1]) „Wir haben in den Papyri eine ununterbrochene Tradition vom 3. Jahrh. vor Christi Geb. bis ins 8. Jahrhundert nach Christi Geb. hinein, also über einen Zeitraum von mehr als 1000 Jahren!" (S. 16). Über die ungefähre Zahl der erhaltenen, in allen möglichen Museen[2]) zerstreuten Urkunden äuſsert sich Wilcken p. 21 (nebst Anm. 43): ... „so viel läſst sich wohl auf Grund der bisher vorgenommenen Zählungen und approximativen Abschätzung sagen, daſs alles in allem gerechnet in den verschiedenen Sammlungen bereits mehrere Tausende oder einige Zehntausende griech. Papyri liegen." Und hier gilt, wenn irgendwo, das Wort dies diem docet: jeder archäologische Bericht des „Egypt Exploration Fund" meldet von neuen, ungeahnten Erwerbungen. Von einem Überblick über das Ganze kann daher kaum die Rede sein, ehe wir nach dem Muster des C. I. G. ein corpus papyrorum graecarum besitzen.

Wenn Verfasser es dennoch gewagt hat, wenigstens einen Teil der Papyrusurkunden, die ptolemäischen, in den Bereich einer grammatischen Betrachtung zu ziehen, so ermutigte ihn dazu einmal die verhältnismäſsig kleinere und vorläufig, wie es scheint, abgeschlossene Zahl der betreffenden Stücke, die immerhin groſs genug ist, um ein deutliches Bild von der höchst interessanten Entwicklung der ägyptischen κοινή im 3.—1. vorchristlichen Jahrh. zu geben; ferner die teilweise musterhafte Veröffentlichung mancher Texte, so vor allem die Flinders Petrie Papyri I. und II. (1891 und 1893) herausgegeben von *John Mahaffy*, Kenyons Catalogue des brit. Museums (1893), *Grenfells* Revenue Papyrus und An Alexandrian erotic fragment (1896), sowie die neuesten Publikationen von *Grenfell* und *Hunt* (1897); von früheren Ausgaben sind zu loben die Papyri Taurinenses von *Amedeo Peyron* (1826/7) und die Leidener Papyri von *C. Leemans* I (1843). Andere freilich, hauptsächlich die Papyri des Louvre, harren noch immer einer tadellosen Neuausgabe, die erfreulicherweise Wilcken (a. a. O. Anm. 22) in Aussicht stellt. Bisher war in vielen Fällen die Arbeit dem Grammatiker auſserordentlich erschwert,

---

1) *Ulrich Wilcken*, die griechischen Papyrusurkunden. Berlin, G. Reimer 1897.

2) Rom, Turin, Mailand, Paris, London, Oxford, Leiden, Berlin, Leipzig, Dresden, Wien, Petersburg.

da er, oft ohne das Gefühl vollkommener Sicherheit, an der Hand eines mehr oder weniger verläfslichen Facsimile, mit der Herstellung des Textes zu thun hatte. Kurz vor dem Abschlufs meiner Arbeit, doch noch rechtzeitig genug, um meiner vor Jahresfrist angelegten Recension der früher erschienenen Papyri — leider standen auch mir nur die Facsimiles zu Gebot — als Kontrole zu dienen, kam mir der Prodromus grammaticae papyrorum von *St. Witkowski* zur Hand.[3]) Die sehr sorgfältige Revision der früheren Ausgaben (1. Pap. Taurinenses. 2. Vaticanae. 3. Leidenses. 4. Parisinae. 5. Musei Britannici. 6. Flindersi Petrii. 7. Pap. publicanorum = Rev. Laws. 8. Pap. graecae Grenfellii) stimmt, soweit meine Aufzeichnungen reichen, in den allermeisten Fällen mit meiner Kollation überein und bedarf nur weniger Nachträge.[4]) Vielleicht gelingt es diesmal mir, dem Verfasser des „Prodromus" mit meiner Arbeit einen kleinen Beitrag zur Selbstkontrole zu liefern. Das von Witkowski (p. 1—8) vorausgeschickte specimen grammaticae papyrorum bietet manche brauchbaren, übrigens für den Kenner der Papyri meist selbstverständliche Einteilungspunkte. In zwei wichtigen Fragen stehe ich von vorneherein der Papyrussprache gegenüber auf einem anderen Standpunkt als Witkowski: einmal in Bezug auf die Dialekte, die freilich im mündlichen Verkehr noch bis tief in die Kaiserzeit lebten, die nun aber im ägyptischen Griechisch von allen Seiten her sich vereinigt und die doch im wesentlichen auf attischer Grundlage beruhende Schriftsprache in ein bunt-

---

3) *Stanislaus Witkowski*, Prodromus grammaticae papyrorum graecarum aetatis Lagidarum. Cracoviae 1897.

4) Als abweichende Lesarten verzeichne ich: Par. 5, 1, 8 πήχεως (edd. πήχεων). 12, 17 διό (edd. δι' ὅ). 13, 1 Ποσεδωνίαι (add. Ποσειδωνίῳ). 13, 15 τῶ (edd. τῷ). 13, 23 ἐάμ (edd. ἐάν). 22, 28 λάθραι (edd. λάθρα). 24 verso 8 τῶ (edd. τῷ) — 25, 5. 26, 14 ὅτ' ἀνεβημεν (edd. ὅταν ἔβημεν). 26, 18 ἐποεῖσθ' (edd. ἐποιεῖσθ'). 30, 18 τάκους (edd. τόπους). 32, 19 κατα[βά]λῃ (edd. κατα[βά]λῃ). 32, 34 μισορή (edd. μεσορή). 41, 12 κατοχῇ (edd. κατοχῇ). 42, 4 διηλμένους (Witk. διηγμένους, edd. δηλουμένους). 43, 3 ἱμίχουν Witk. sehr zweifelhaft (edd. ἡμίχουν). 43, 4 γέγρα[φα] ὑμεῖν (edd. γέγραφ' ὑμῖν). 48, 21 ἐπιδόμεν — einreichen (Witk. ἐπίδομεν, edd. ἐπιδοῦμεν). 51, 5 ἀναπίπτι (edd. ἀναπίπτει). 54, 60 Ἰρω (edd. Ὥρω). 54, 60 ἐγμαγῆα (edd. ἐκμαγῆα). 55ᵇ, 67 ἐνκαλεῖ (edd. ἐγκαλεῖ). 57, 2, 18 τούτω(ν) (edd. τούτω). 57ᵇ, 2, 12 δυδύμαις (edd. διδύμαις). 58, 13 ἀποδοῦ IH (edd. ἀποδοῦ ᾖ). 59, 8 ἐριίον (edd. ἐρίους). 59, 15 ΠΤΟΛΕΜΑΙΩΙ (edd. ΠΤΟΛΕΜΑΙΩ). 60, 2 Πτολεμαίω (edd. Πτολεμαίῳ). 60, 5/6 Πετόσι Σαράκιος (edd. παρά σου Σαρακίων). 60 verso Πτολεμαίω (edd. Πτολεμαίῳ). 60ᵇ, 12 μεθ' αὑτών (edd. μεθ' αὐτῶν). 61, 3 μηθίν (edd. μηθέν). 63, 1, 17 πενφθέντι (edd. πεμφθέντι). 63, 2, 43 ἀντοφθαλμ[εῖ]ν (edd. ἀντοφθαλμῶν). 63, 5, 153 μεμισθή (edd. μεμισθῇ). 63, 6, 174 κοινῇ (edd. κοινῇ). 63, 8, 11 προςειλήφαι (edd. προςειλήφαι). 63, 8, 25 ἐξετάσαντα (edd. ἐξετάσοντα). 63, 11, 75 πολλάκι (edd. πολλὰ καί). 63, 13, 10 κατ' ἀλήθειαμ πλημμ. (edd. κατ' ἀλήθε[ι]αν πλημμ.). 64, 1, 8 σήμηνον (edd. σήμηνον). 64, 21 τῶ (edd. τῷ). 22 προςαγγελλὶν προςαγγελλεῖν (edd. προςαγγείλῃ). 63, 2, 34 δοκῆ (edd. δοκῇ). 36 ἐφιστέρων (edd. ἐφ' ἕτερον). 38 φίλος ὤν οὐκ ἄν λυπηθείης [zu υκ vgl. v. 35 ὑποδείξαι] (edd. [φίλ]ος ἄν οὐκ ἄν λυπηθείης). 65, 4 τῶ (edd. τῷ). 67, 2, 4 ἐλάσσω (edd. ἐλλάσσω). 10 ξυτηρᾶς (edd. ξυτηρᾶς). Par. 66 setzt Witk. wegen des Eigennamens Πορτίου (col. 4, 32) in die römische Zeit. Aber einmal müfste der röm. Name Porcius in griech. Transcription unbedingt Πόρκιος lauten; dann findet sich in ptolemäischen Papyri der ähnlich gebildete Name Πόρτιτος (gen.) z. B. Gr. H² 17, 17 (a. 136); 21, 5 u. 6 (a. 113); 33, 1 (a. 100). Mit Recht setzt *Mahaffy* (Einleitung zu I Fl. P. p. 50) die Pap. Par. 66 u. 67 aus paläograph. Gründen ins 3. Jahrh. v. Chr. Zu *Flind. Petr.* Pap. II: Einleitung p. 51, Z. 14 bietet das Facsimile προςενήνεγκται (Witk. προςενήνεγκται). 4, 9, 12 ἐν τάχει (edd. ἐμ τάχει). 13, 12 δίδοται (edd. δέδοται). 44, 25 δύ' ὀβολούς (ed. δυοβολούς). 45, 2, 19 ἤμελλεν (ed. ἤμελλον). 46, a, 5 μέμ μοι (ed. μέν μοι). 46, b, 7 σύνβολον (ed. σύμβολον). [Andere Korrekturen werden bei Besprechung einzelner Formen Erwähnung finden.]

scheckiges Mosaik verschiedener Mundarten verwandelt haben sollen[5]); zweitens im Verhältnis zum Itacismus, für den Witkowski schon um die Mitte des 2. vorchristlichen Jahrh. sichere Belege findet.[6])

Wohl niemand wird alle dialektischen Einflüsse auf ägyptischem Boden bestreiten wollen, wo bald eine bunt zusammengewürfelte Soldatengesellschaft (vgl. I Fl. P. p. 42 ff.), bald ein internationales Handelsgetriebe von Kaufleuten aller Zungen im mündlichen Verkehr genug Anlafs zur Sprachvermischung geben mochte.

Allein die Tragweite dieses Faktors für die geschriebene Sprache ist nicht zu überschätzen, und man wird im alexandrinischen Griechisch so wenig als in der allgemeinen hellenistischen Verkehrssprache starke Residuen der alten Dialekte erwarten dürfen. „Durch die genaue Analyse, welcher Hatzidakis (Einleitung in die neugriech. Grammatik 1892) die neugriechische Verkehrssprache, die Tochter der κοινή, unterzogen hat, ist vieles, was man früher auf uralte Dialektformen zurückzuführen geneigt war, als Wirkung einer anderen weit wichtigeren Kraft in der Bildungsgeschichte des Griechischen, der proteusartig in verschiedenen Gestalten sich umtreibenden Analogie (Systemzwang), erwiesen worden."[7]) Unter dieser Voraussetzung werde ich versuchen, manches dialektisch klingende Wort lieber auf lautlichem Wege (durch Lautverschlechterung, Analogiebildung, Accentwirkung) zu erklären, ohne freilich jegliches Vorhandensein von (namentlich ionischen) Dialektformen zu leugnen.[8])

---

5) Prodr. p. 3. Multa eiusmodi exempla in papyris inveniuntur, quae nobis ad oculos fere ponunt, quomodo in Aegypto variae dialecti inter se misceantur et paulatim nova communis lingua oriatur.

6) Prodr. p. 4. In titulis Atticis prima η et ι vocalium permixtarum exempla occurrunt medio secundo post Cb. n. saeculo. In papyris habemus certa huius confusionis exempla iam circa a. 150 a. Chr. n.

7) So W. Schmid in der Recension von Winer-Schmiedel, Grammatik des neutest. Sprachidioms (1894). G. G. A. 1895, Nr. I, p. 31 ff. Den gegenteiligen Standpunkt vertritt, ohne aber den Unterschied zwischen gesprochener und Schriftsprache gehörig zu beachten, E. Schweizer, Grammatik der pergamen. Inschriften (1898). Der von ihm (p. 24/25) aufgestellte Satz: „Dafs die alten Dialekte in hellenistischer und noch späterer Zeit fortdauerten" ist gewifs unbestreitbar, doch folgt aus ihm nicht ohne weiteres Einflufs der Dialekte auf die Schriftsprache.

8) Mit Witkowskis (p. 3) Erklärung von ἐρσενικά als Dorismus im Munde eines Kyrenäers (II Fl. P. Einleitung p. 23, 13) bin ich vollkommen einverstanden. Ebenso ist das dorische Reflexivum αὐτοσαυτοῦ (geschr. αὐτοσαυτō) aus der Feder der halikarnassischen Artemisia begreiflich (Artem. Pap. 3. 4. 5 aus dem 3. Jahrh.). K. Bl. I, 600. Dagegen dürfte es kaum möglich sein, im Par. 48, einem von zwei Arabern geschriebenen Brief, arabische Spuren zu entdecken. ὡς = οὖς I Fl. P. 20, 2, 15 (a. 225) und Gr. H.[2] 15, 2, 1 (a. 139) ist nicht Dorismus, sondern falsche Analogie von den casus obliqui ὠτός, ὠτί etc. (vgl. K. Bl. I, 463). Ebenso ist χαίρην = χαίρειν II Fl. P. 13, 13, 1 (a. 258—253) im Zusammenhang mit ähnlichen Lautveränderungen der Vulgärsprache zu erklären. (Vgl. unten § 11, 9). Über das angeblich dorische κλίβανος AEF 21, 14 (a. 126) und ἡ λιμός Par. 12, 22 (a. 157); 26, 9 (a. 163); Brit. p. 25, 20 — 26, 18 (a. 161) vgl. W. Schmid a. a. O. p. 33. μαλοκαρούαν und μαλοκαραύαν II Fl. P. 35, 1, 11 u. 3, 9 (c. 240 v. Cbr.) scheinen äolische Dialektformen zu sein, als Beiwort eines Pferdes („äpfelwangig") wohl terminus technicus im Pferdehandel, eingeführt aus den pferdereichen nordgriechischen Bezirken (Thessalien); παραύα lesbisch = παρειά vgl. G. Meyer[3] 169. Bei παρεστάναι Leid. U 2, 11 wird niemand an einen Dorismus statt παρεστῆναι denken, sondern es liegt Verwechslung mit παρεστάναι vor. — Ionismen finde ich aufser dem Artemisiapap. (3. Jahrb. v. Chr.) in Formen wie Ἀρτεμισίη, ἐνθαῦτα, ἱκετηρίην, fast nur noch in poetischen Stücken, z. B. im Akrostich vor Par. 1: ξυνῆ, μεῖς, ἡμέραισιν, βροτοῖσι und ἀκατασταΐης im erotischen Fragment AEF 1, 1, 4 (nach 173). Über ἀπιστηίης, ζεή, καθηκυίης vgl. unt. § 1, 3. Die übrigen auch attische Form μεῖς für μήν [vgl. K. Bl. I, 461] hat sich wie das Dorische μάνις (so deutlich im Facsimile, während Blafs nach dem Original μ[ῆ]νις)

b)

Ähnlich verhält es sich mit dem Itacismus. Die Vertauschung der Buchstaben ει η ι υ οι taucht zwar in vereinzelten Beispielen zweifellos schon im 2. vorchristlichen Jahrhundert auf, wie denn überhaupt die Pathologie der Laute und der Wandel der Aussprache gerade in Ägypten anderen Teilen des hellenistischen Sprachgebiets vorauszueilen scheint.⁹) Doch ist auch hier die gröfste Vorsicht geboten, und was auf den ersten Blick als Folge itacistischer Aussprache erscheint, erklärt sich fast durchweg richtiger durch lautliche Vorgänge anderer Art, manchmal wohl auch durch reine Verschreibung. Vgl. § 6, 3. Fest steht für diese Zeit nur die Entwicklung des ē-Lautes zur Geschlossenheit hin und die Monophthongisierung von ει. Vgl. § 11. —

Über die hohe Bedeutung der Papyri für die gesamte Altertumskunde, namentlich aber für die historische Grammatik, bedarf es kaum weiterer Worte. Gerade der wertvollste Teil dieser ehrwürdigen Blätter stammt aus der Ptolemäerzeit. Sie treten als authentische Originale gleichwertig neben die Inschriften und haben vor öffentlichen Denkmälern noch den Vorzug reizvollster Unmittelbarkeit, da sie meist mitten aus dem täglichen Leben hervorgewachsen sind und in der ungeschminkten, ungezierten Sprache ihrer Zeit zu uns reden. Ja, die meisten lassen sich auf Jahr und Tag hin bestimmt datieren. „Sie gewähren uns Einblicke in das hochentwickelte Kulturleben der Ptolemäerzeit; wir lernen die gespreizte Sprache des Hofes, die technischen Ausdrücke der Industrie, des Ackerbaus und des Rechtes kennen; wir blicken in das Innere des Sarapisklosters und in die vor der Geschichte sich versteckenden Verhältnisse der Familie. Wir hören das Volk und die Beamten reden, unbefangen, weil ohne die Absicht,

---

liest) auch in den Kontext des halbpoetischen Eudoxuspap. verirrt (v. 290 u. 64). [Weitere Belege für μεῖς z. B. Inschr. v. Mylasa, Le Bas voyage III, 416, 12; Inschr. v. Amorgos (1. Jahrh. v. Chr.) Rev. arch. 3. Ser. Bd. 29, p. 80, 46.] ἐγλοηϑέντα II Fl. P. 25, a, 12 = b, 13 (a. 226), was auch Mahaffy, aus seiner Übersetzung zu schliefsen — ἐκλουϑέντα und hiemit als ionische Form (cf. λοέσσατο) auffafst, ziehe ich zu ἐκλογέω, mit Ausfall des spirantischen γ (cf. ὁλίος, ἀγήοχα) und übersetze statt „ausgewaschen" lieber „ausgeschieden, ausrangiert" (von einem kranken Pferde). — Von den zahlreichen ägyptischen Worten kann hier nicht weiter die Rede sein. — Endlich haben sich poetische Ausdrücke und Wendungen nicht selten in die Prosa eingeschlichen, je nach der Individualität des Schreibenden. Mitten im nüchternsten Geschäftsstil begegnet II Fl. P. 9, 16 καϑάπερ καὶ κάρος ἐποίησαν (a. 241). β]έλτατα II Fl. P. 9, 3, 7 hat seine Parallelen bei Aeschyl. Eum. 465 und suppl. 1040 (a. 241). φάλιος (weifs, von Pferden) II Fl. P. 35, 1, 1 u. 16 lese ich nur noch bei Callimach. frgm. 176. Das homerische ὑφορβός (unsichere Lesart) steht II Fl. P. 33, a, 30 (a. 244) in einer Verwaltersrechnung. Nicht ganz zweifellos ist die Lesart βουτᾶν (von βούτης Rinderhirt) II Fl. P. 38 c verso 60 (a. 228), womit zu vergleichen Aeschyl. Prom. 569. Eur. Hec. 646. Theocr. 1, 80 βώτας; richtiger vielleicht liest man τούτων. Zum Adjektiv μεσονύκτιος Par. 1, 378 bemerkt Phryn. (p. 55): ποιητικόν, οὐ πολιτικόν. Par. 47, 23 (a. 153) steht die halbpoetische Phrase οὐκ ἔστι ἀνακύψαι με κόποτε (sic) ἐν τῆι τρικυμίαι (vgl. τρικυμίας κακῶν Aeschyl. Prom. 1017. Eur. Hipp. 1213, auch im Sprichwort φανὶς ἀντὶ τρικυμίας); vielleicht müssen im selben Pap. auch die Ausdrücke ἐνέβληκαν ὑμᾶς (= ἡμᾶς?) εἰς ὕλην (in einen Wald von Not?) (Z. 9) und βαπτιζόμεϑα (Z. 13) (wir werden überflutet?) bildlich verstanden werden. In dem floskelreichen Par. 63 (a. 165) col. 8, 10 προσφάτως; 9, 31 ἐτέλητο; 9, 37 ἔρϑην. Par. 51, 26 (a. 160) κολιὰς ἔχων, mit grauen Haaren. λαοί ist stehendes Wort für „Leute" in der κοινή, so II Fl. P. 4, 11, 4 (a. 255); 15, 1 b (a. 241); R. L. 42, 16 (a. 259).

9) Ob wirklich in Ägypten der Einflufs der vulgären Elemente auf die Schriftsprache sich wesentlich früher halten als in anderen Gegenden, läfst sich nicht ohne weiteres entscheiden. Wir besitzen eben aus keinem anderen Lande so ausgiebige authentische Urkunden, wie die ägyptischen Papyri. Z. B. bietet die Sprache der pergamenischen Inschriften, so weit ich noch in Eile aus E. Schweizers Grammatik ersehe, sehr viele ganz analoge Erscheinungen, wie die ägyptische κοινή.

Literatur zu machen. Eingaben und Bescheide, Testamente und Kontrakte, Rechnungen und Bankanweisungen, königliche Steuererlässe und Dekrete, endlich familiäre Briefe und Traumerzählungen — das sind im wesentlichen die alten Blätter.[10]) Der Historiker der Staatsaktionen wird sie enttäuscht bei Seite legen, und nur dem Erforscher der Literatur bieten sich Autorenfragmente von allgemeinerer Bedeutung."[11])

Aber trotz des zunächst trivial erscheinenden Inhalts sind die Papyri von unschätzbarem Wert für die systematische Durchforschung jenes interessanten Mittelgebiets zwischen Alt- und Neugriechisch, von dem wir, wenn wir nur auf die künstlich zurecht gestutzte und später auf atticistischer Nachahmung begründete Literatursprache angewiesen wären, keine Ahnung hätten. Wenn irgend etwas, so ist eine durch ein volles Jahrtausend hindurchgeführte grammatica papyrorum geeignet, diese Kluft auszufüllen und endlich eine Brücke zu schlagen zwischen der altgriechischen und der, ihrer wahren Natur nach lange genug verkannt gewesenen neugriechischen Vulgärsprache. Die Anfänge dazu sind gemacht. Gelehrte, wie *W. Schmid*, der ebenso vielseitige als feinfühlige Verfasser des „Atticismus", und der Grieche *G. N. Hatzidakis*, der berufenste Kenner und Ausleger seiner Muttersprache, dem neben der vollkommenen Beherrschung der klassischen Literatur zugleich die gründlichste Kenntnis aller Dialekte eigen ist, haben den Weg gezeigt, indem sie, von zwei verschiedenen Seiten aus demselben Ziele zustrebend, vor allem mit einer Menge von Vorurteilen gebrochen haben, die eine Kontinuität zwischen Alt- und Neugriechisch leugnen wollten: sie gehen davon aus, dafs das Neugriechische eine legitime Tochter der κοινή, kein aus weifs Gott welchen Ingredienzien zusammengebrautes Sprachragout ist. Ihre Grundsätze finden ihre Bestätigung nirgends glänzender als in den Papyri; ihre Methode ist auch die des Papyrologen. Schon die ptolemäischen Urkunden, mit denen der Anfang gemacht werden mufs, zeigen auffallend frühe und vielfältige Spuren des beginnenden Prozesses, infolge dessen die edle Sprache des Demosthenes durch das gewaltsame Eindringen zersetzender Elemente die alte Gestalt und Festigkeit verlor, sie lassen aber auch

---

10) Auf die Klassifizierung der einzelnen Papyri, sofern sie für die Sprache derselben von Wichtigkeit ist, wird in den Einzelausführungen gebührend Rücksicht genommen werden. Vgl. z. B. § 11, 18 und 19. Selbstverständlich ist in den meisten Fällen die Scheidung zwischen literarischen Texten und gleichzeitigen Urkunden. Dagegen hat sich mir eine Abhandlung der gesamten Stoffes nach den Klassen der Verfasser, in Hinsicht ihrer Zugehörigkeit zu verschiedenen Nationalitäten, Ständen und Berufsarten, nach mehrfachen Versuchen, als nicht durchführbar herausgestellt. Spuren gesprochener griechischer Dialekte sind, wie gesagt, überaus selten nachweisbar. In bezug auf Stände und politische Stellung machen sich allerdings Unterschiede geltend, und man könnte in dieser Beziehung die aus der königlichen Kanzlei stammenden Dokumente, richterliche Entscheidungen und Aktenstücke, Kontrakte und Bankanweisungen, Schriftstücke niederer königlicher Beamter, den Privaturkunden und Briefen gegenüberstellen. Allein die hauptsächlichsten Charakteristika verbreiten sich über alle Klassen. Nur das vulgärste, lautlich am meisten verschlechterte, orthographisch bis zur Unleserlichkeit entstellte Griechisch wird man naturgemäfs in privaten Schriftstücken und den dazu gehörigen Konzepten vorfinden. Die ausführlichste königliche, zugleich so schöne als die älteste uns erhaltene Urkunde, die sich durch sorgfältige Redaktion und ziemlich tadellose Schreibweise auszeichnet, ist das grofse Steuergesetz des Ptolemaeus Philadelphus aus dem Jahre 259/8 vor Chr. Ein Gegenstück dazu aus dem Ende des 2. Jahrh. v. Chr. ist das wunderbar erhaltene („mire integerrimus" *A. Peyron*) Aktenstück zum Hermiasprozefs (Par. Taurin. I vom Jahre 117 v. Chr.).

11) Nach *Deifsmann*, Bibelstudien I, 66. Das vortreffliche Buch, in dem erfolgreich der Anfang gemacht ist, die Papyri für die Erklärung der LXX und des N. T. auszunützen, kann auch dem Philologen nicht genug empfohlen werden.

b*

erkennen, wie sehr schon im 3. Jahrhundert die κοινή besonders in lexikalischer, doch auch in phonetischer und morphologischer Beziehung ein festes Gefüge bildete, welches seinen Rückhalt in der amtlichen Verkehrssprache gehabt haben muſs: nach ihr streben, je nach ihrem Bildungsstand mit gröſserem oder geringerem Glück die Verfasser der Papyrusdokumente. Die letzte Norm aber wiederum für die Sprache und den Stil des amtlichen internen und internationalen Verkehrs ist in der attischen Staatskanzlei des 4. Jahrhunderts festgestellt worden. Die Papyri zeigen, wie weit diese Schriftsprache bei den Griechen des internationalen ägyptischen Reiches schon früh Gemeinbesitz geworden war, und wie spröde sie sich gegen dialektische Einwirkungen (die freilich bei den von der Mutterscholle losgerissenen Griechen dieses Landes besonders schwach sein mochten) verhielt.

Was *Meisterhans* in seiner Grammatik der attischen Inschriften mit glücklichem Griff und durchsichtiger Klarheit für die Entwicklungsgeschichte der attischen Sprache geleistet hat, muſs auch für die Papyri geschehen. Es liegt in der Natur der Sache, daſs ich in der Anlage des Ganzen, wie im kleinen, seinen Spuren folgte und in ähnlicher Weise, wie er, das wenig betretene und keineswegs kleine Gebiet nach verschiedenen Seiten hin durchfurcht habe, und sollte mir nur gelungen sein, den Boden für weitere Bearbeitung wenigstens aufgelockert zu haben, so wäre meine Mühe, die der Eingeweihte zu würdigen weiſs, nicht umsonst gewesen.

I. Orthographie.

§ 1.

Silbentrennung.[12])

1. Das Bestreben, jede Linie mit einer vollen Silbe .zu schliefsen, ist überall vorhanden, und zwar gelten bestimmte Grundsätze, die mit den Regeln der alten Grammatiker (Herodian περὶ ὀρθογραφίας) im wesentlichen übereinstimmen. Subjektive Willkür oder Ungewandtheit des Schreibers, wohl auch Rücksicht auf den Raum, haben nur in ganz seltenen Fällen zu abweichenden Trennungen geführt.[13])

Anmerkung. Die Trennung ζω-ίδιον Par. 1, 336: 339; 391 (vor 165) beweist, dafs das Wort noch viersilbig gesprochen wurde.

2. Die Grundregel, dafs ein zwischen 2 Vokalen stehender Konsonant zum 2. Vokal gehört, wird höchst selten vernachlässigt, z. B. im Eudoxuspapyrus (Par. 1), einem schülerhaft nachgeschriebenen Kollegienheft über Astronomie, unter etwa 100 Fällen nur dreimal.[14])

3. Ist in einem zusammengesetzten Wort der letzte Vokal einer Präposition elidiert, so wird der Schlufskonsonant der Präposition in der Regel zur folgenden Silbe gezogen, also ὑ-πάρξεις, κα-τεργασθῆναι etc.[15])

Dasselbe ist der Fall bei selbständigen elidierten Präpositionen in Verbindung mit einem Nomen oder Pronomen, wie μὲ-θ᾽ ἡμῶν u. ä.; manchmal auch bei anderen Elisionen, wie οὐ — δ᾽ ἔτι u. ä.[16])

---

12) *Schmidt, K. E. A.* Beiträge z. Gesch. der Gramm. 126 f. *K. Bl.* I, 349 ff. *Kr.* § 6. *W. Schm.* 5, 2 (mit Anmerkung). *Mhs.* 6.

13) μ-ένων II Fl. P. 50, 3, 3 (Laches. c. 300). σύ]-μβολον ibid. 26, 2, 8 (a. 240). πλ]-είστον, ἀποσφ-αλῆναι. Par. 63, 9, 30 u. 34 (a 165). Der Pap. zeigt auch sonst manche Inkonsequenzen in der Trennung. Ἀπο-λλωνίου Par. 40, 4 (a 156). ἀδε-λφός Par. 32, 27 (a. 162) — zwei ungewöhnlich schmale Papyrusstreifen.

14) ἐπιφαίν-ει, μέν-οντα (wobei dem Schreiber μὲν ὄντα vorschweben mochte), μόρ-ια Par. 1, 101; 209; 362 (vor 165). προστήσ-εσθαι, ὡσ-αῖς Par. 63, 2, 40; 4, 98 (a. 165). ἧκ-[οντος], δύν-[αιτο] I Fl. P. 5, 1a, 3; 9, 32 (Phädo. c. 300). ἀν-αστρέφοντος, [λέγ]-εις II Fl. P. 50, 4, 29; 5, 30 (Laches. c. 300).

15) ὑ-πάρξεις, κα-τεργασθῆναι R. L. 68, 12; 67, 14; 71, 15 (a. 259/8); [aber κατ-εφθάρται II Fl. P. 19, 2, 6 aus d. 3. Jahrh. v. Chr.]. με-ταλλάσσει, με-τοπωρινήν Par. 1, 201; 520 (vor 165). ἀ-πέφασκεν, ἀ-πεφαίνετο Par. 2 col. 8; 11; 13 (vor 160). [Freilich ibid. col. 10 u. 14 ἀπ-εφαίνετο u. col. 14 ἀπ-έφασκε]. κα-τοχῆι Vat. B. 2 (a. 164); Par. 36, 3 (a. 163); 40, 7 (a. 156); 41, 7 (a. 158).

16) με-θ᾽ ἡμῶν II Fl. P. 45, 3, 10 (a. 246). κα-θ᾽ ὅν, κα-θ᾽ ἥλιον Par. 1, 156; 303 (vor 165). πα-ρ᾽ ἐμοῦ Brit. p. 8, 35 (a. 164/3); Par. 54, 28 (a. 163); 49, 13 (a. 160). — οὐ-δ᾽ ἔτι Par. 2 col. 6 (vor 160); οὐ-δ᾽ ἴαν col. 8; δεῦ-τ᾽ ἔμπεδος, οὐ-δ᾽ ἀστοῖσι, οἰ-δ᾽ ὅττι ebda. col. 13 u. 14.

1

— 2 —

Ja selbst bei konsonantisch endenden Worten kann, wenn sie mit einem vokalisch an-
lautenden Wort eng zusammen gesprochen werden (Artikel, Negation), der Schlufskonsonant
auf die nächste Linie gezogen werden; also: *τὰ-ϛάποσκευάς, μηδὲ-νάντιπεσόν, στοιχειωδῶ-
ϛύμῖν*; einmal sogar *ἐ-κτοῦ*. Jedenfalls wird bei *οὐκ* der Konsonant immer zum folgenden
Wort genommen.[17]

4. Zwei gleiche, auch gleichartige Konsonanten, wie *γκ, γχ, πφ*, zwischen 2 Vokalen werden
stets von einander getrennt.[18]

5. Konsonantengruppen, die zum Folgenden gezogen werden, sind nicht nur die im Anlaut
vorkommenden *γρ, δρ, θρ, κρ, κλ, κτ, μν, πλ, πρ, πτ, τρ, φθ, χθ*, sondern auch *γμ, κμ, χμ*.[19]

6. Dagegen wird bei jeder mit einer Liquida beginnenden Gruppe nach der Liquida abgesetzt.[20]

7. Ebenso wird das *σ* an der Spitze von 2 oder 3 Konsonanten in der Regel für sich ab-
getrennt.[21]

---

17) *τὰ-ϛ ἀποσκευάς* Par. 63, 7, 13 (a. 165). *μηδὲ-ν ἀντιπεσόν* Par. 30, 24 (a. 162). *στοιχειωδῶ-ς ὑμῖν*
Par. 63, 4, 116 (a. 165). *ἐ-κ τοῦ* Brit. p. 7, 18 (a. 164). — *οὐ-κ ἐφρόντισας* II Fl. P. 23, 3, 11 (3. Jhrh. v. Chr.).
οὐ-κ ἦν, οὐ-κ ἐξ, οὐ-κ ἐν, οὐ-κ ἀντίκειται, οὐ-κ ἔστιν, οὐ-κ ἐγω, οὐ-κ ἦς (= *ἦσθα*), *οὐ-κ εἶδον* Par. 2 col. 3; 4;
5; 8; 9; 11; 13; 14 (vor 160). [Zur völligen Aphäresis des *οὐ* wie *κοῖδα, κεξαθρήσας* etc. im Chrysippospap.
(Par. 2) vgl. unten § 21, 2.]
18) *ἀπολ-λύμεθα* II Fl. P. 4, 1, 4 (a. 255). *Φιλάμ-μονος* I Fl. P. 18, 2, 5 (a. 237). *διαλλάσ-σων, ἐλάτ-τους*,
sogar *ἀλ-λ' ὅταν* Par. 1, 124; 419; 468 (vor 165). *ἀναγ-κάζεται* I Fl. P. 8, 3, 5 (Phädo. c. 300). *ἀνενεγ-κεῖν* Brit.
p. 9, 28 (a. 162). *Σαπ-φά* Par. 2 col. 14 (vor 160). [Ausnahme *ἀντιπατάσσ-οντες* im schlecht geschr. Par.
40, 41 a. 156.]
19) *δια-γράμματα* Par. 62, 1, 6 (c. 170). *ἀν-δρείαν* I Fl. P. 10, 34 (c. 220). *παρεψε-δρινόντων* Par. 63,
8, 3 (a. 165). *φιλαν-[θρωπίας]* II Fl. P. 12, 3, 20 (a. 241). *Σώ-κρατες* II Fl. P. 50, 1, 11 (Laches. c. 300). *κύ-κλον*
Par. 1, 212 (vor 165). *ἔ-κτης, νυ-κτί* Par. 1, 49; 96. *ἐνθί-κτην* Par. 45, 7 (a. 153). *ὑπό-μνημα* Par. 28, 5
(a. 160). *Με-μνονείοις* Taur. 11, 17 (a. 177—165). *ὅ-πλοις* Par. 2 col. 5 (vor 160). *λαμ-πρός* Par. 1, 191 (vor 165).
γέγρα-πται R. L. 30, 9 (a. 259/8). *συνπε-πτωκέναι* Par. 34, 2 (a. 157). *ἐγμε-τρητάς* II Fl. P. 9, 2, 8 (a. 241). *μέ-
τρα* Par. 32, 23 (a. 162). *λη-φθέντι* II Fl. P. 36, 1, 23 (3. Jahrh.). *λε-χθείη* Par. 2 col. 4/5 a. 6 (vor 160). *προ-
κηρυ-χθεισῶν* R. L. 59, 9; 15. *προςενε-χθήσεσθ'* Par. 46, 20 (a. 153). [Ausnahme *πραχθ-ήσεσθαι*] Par. 62, 1, 11
(c. 170).] *πρά-γμαθ'* II Fl. P. 9, 4, 3 (a. 241). *διαπεπρα-γμένοι* Par. 38, 11 (a. 160) *τετα-γμένην* R. L. 51, 23
(a. 250). *συναλλά-[γματα]* A E F 17, 14 (a. 177 od. 136). *προσετάγ-γμασιν* (sic) Leid. U 3, 5 (2. Jahrh. v. Chr.).
[Einzige Ausnahme *προστάγ-ματος* Par. 63, 4, 113 a. 165.] *Ἀλ-κμᾶν* Par. 2 col. 12 (vor 160) [dagegen *ἐξηνεκμέναι* (sic) Brit. p. 18, 21 (a. 161).] *Σα-χμί* Par. 48, 14 (a. 153); aber *Νεχθ-μόνθης* Par. 5, 2, 6 (a. 114).
20) *ἀδελ-φῶν* I Fl. P. 15, 7 = 16, 8 u. 9 (a. 237). *ἐπελ-θών* R. L. 42, 8 (a. 259/8). *ἀλ-κιμον* Par. 2 col. 12
(vor 160) *παραλαμ-βάνειν* II Fl. P. 8, 3, 5 (a. 267). *ἀμεμ-ψίμοιρον* Par. 63, 8, 14 (a. 165). *λαμ-πρός* Par. 1, 191
(vor 165). *πέν-τε* Par. 1, 181. *Ἱλάρ-χης* I Fl. P. 16, 12 (a. 237). *σπέρ-ματα* Par. 63, 4, 110 (a. 165) u. s. w. Ganz
vereinzelte Ausnahmen: *ἀδε-λφός* in dem schlecht geschr. Par. 32, 27 (a. 162) u. *σύ]-μβολον* II Fl. P. 26, 2, 8 (a. 240).
21) Die alten Grammatiker waren über diesen Punkt nicht ganz einig. Sext. Empir. advers. grammat.
169. Bl. A.³ p. 89. Beispiele: *παραγενέσ-θαι* II Fl. P. 40, a, 17 (a. 260). *κρινέσ-θω, κατεργασ-θῆσαι* R. L. 46, 4;
64, 11; 66, 21 (a. 259). *λογίξεσ-θαι* Par. 63, 5, 172 (a. 165). *ἐφάπτεσ-θαι* Taur. 8, 73 (a. 119). *ἀπέφασ-κεν* Par. 2
col. 3 [aber *γινώ-σκετε* Par. 32. 5 (a. 162)] *δεσ-μάτας* II Fl. P. 5c (a. 255); 13, 3, 3 (a. 258). *Διοσ-κούδου* Brit.
p. 41, 99 (a. 158). *εἴθισ-μένον* Par. 31, 9 (a. 163). *ἀπηρεισ-μένος* Par. 6, 15 (a. 126). *Θέσ-πις* Par. 2, col. 8 (vor
160). *ὧσ-περ* II Fl. P. 50, 4, 2 (Laches. c. 300). [Ganz vereinzelt *ἀσπ-ασάμεθα* Par. 32, 32 (a. 162).] *ὧσ-τε*
I Fl. P. 4, 1, 10 (a. 255). *ἱκάσ-του* II Fl. P. 8, 1 B, 6 (a. 259). *ἀπέσ-τειλα* II Fl. P. 23, 3, 6 (3. Jahrh.) *κατασ-
τῆσαι* Par. 35, 36 (a. 163). *προεσ-τηκότι* Leid. E, 16 (a. 162). *ἐσ-τίν, ἀσ-τέρας, ἔσ-ται* Par. 1, 268; 184; 279 (vor
165). *χρηματισ-τάς* Taur. 3, 36 (a. 127). [Ausnahme: *μέγι-στον* Par. 63, 3, 76, daneben aber v. 74 *μάλισ-τα*,
a. 165.] *ἄσ-τρων* Par. 1, 400 (vor 165). *Νικοσ-τράται* II Fl. P. 13, 18 b, 12 (a. 258). *προσ-φάτως* Par. 63, 8, 10
(a. 165). *γενοσ-φίσθαι* R. L. 27, 10 (a. 259 . *ἀπόσ-χη* Par. 1, 320 (vor 165). *ἐσ-χολακέναι* Par. 32, 7 (a. 162).—
Die wenigen Ausnahmen beschränken sich fast ausschliefslich auf die Verbindung *σθ*, die in Verbalformen

8. Bei Zusammensetzungen wird, ohne durchgreifende Konsequenz, teils nach Bestandteilen (in der Fuge), teils — und zwar überwiegend — nach Silben getrennt. [22])

Anmerkung. Trennungen, bei denen ein einzelner Vokal auf die eine oder andere Zeile zu stehen kommt, werden durchaus nicht vermieden. [23])

§ 2.
Satzzeichen. [24])

Vorbemerkung. Für die folgenden Paragraphen konnten nur die Facsimilia zu den Papyri des Louvre, des Leidener und Turiner Museums, sowie die von Grenfell zu den Rev. Law u. v. Mahaffy zu den Flind. Petr. Pap. herausgegebenen durchgesehen werden. In einzelnen Fällen, wie für die παράγραφος und Punkte im AEF und Grenfell Hunt², muſs ich mich auf den gedruckten Text beziehen.

1. An Stelle der scriptio continua, die in der Regel vorherrscht, tritt in wenigen Fällen durchgeführte Worttrennung und eine durch Absätze gegliederte Schreibweise. [25])

---

manchmal ungetrennt zum Folgenden gezogen wird, wie καταριθμεῖ-σθαι Par. 63, 4, 99 (a. 165). δεῖ-σθαι Par. 32, 10 (a. 162). μάχε-σθαι II Fl. P. 50, 4, 28 (c. 300). στερέ-σ[θωσαν], γινέ-[σθω] R. L. 61, 25; 37, 7 (a. 259) -- aber doch gewöhnlicher ἐπιεύσασ-θαι (sic) Gr. H² 26, 14 (a. 103).

22) In der Fuge getrennt:
ἐπι-σκέψασθαι II Fl. P. 10, 1, 23 (a. 240).
κατ-έφθαρται II Fl. P. 19, 2, 6 (3. Jahrh.).
ἐξ-αποστεῖλαι Par. 36, 20 (a. 163).
προς-ἦκον Par. 63, 13, 12 (a. 164).
ἀπ-έφασκεν
ἀπ-εφαίνετο } Par. 2, col. 10 u. 14 (vor 160).
προσ-φάτως Par. 63, 8, 10 (a. 165).
συν-ανατέλλει Par. 1, 430 (vor 165).
ὑπεραμπ-έχοντα Par. 2 col. 7 (vor 160).
ὑπερ-ηφάνοις Par. 63, 9, 51 (a. 165).
πρός-τιμα Rev. L. 21, 6 (a. 259).
προς-διδούς Par. 1, 35 (vor 165) u. s. w.

Nach Silben getrennt:
ἐπι-δεῖν (ἐφορᾶν) RL. 25, 1 (a. 259).
κα-τεργασθῆναι RL. 67, 14; 71, 15 (a. 259).
ἐ-ξουσίαι Par. 63, 6, 176 (a. 165).
μακροπρό-σωπος I Fl. P. 12, 3 (a. 238).
ἀ-πέφασκεν
α-πεφαίνετο } Par. 2 col. 8; 11; 13 (vor 160).
προσ-τῆναι Par. 63, 6, 170 (a. 165).
κατ-αστῆσαι Par. 35, 36 (a. 163).
ἀποκατασ-τήσωσι AEF 10, 15 (a. 174).
ἀπο-λίσῃ Par. 50, 8 (a. 160).
ἀνα-γάγῃ Par. 10, 12 (a. 145).
μετα-γαγεῖν Taur. 1, 2, 27 (a. 117).
Νι-κηκράτου II Fl. P. 13, 4, 14 (a. 258—53).
νο-μάρχης R. L. 43, 1 (a. 259).
το-[πάρχων] II Fl. P. 1, 10 (c. 260).
κατασ-ταθείς R. L. 46, 8 (a. 259) u. s. w.

23) ἐ-πιτολῶν Par. 1, 378 (vor 165). ἐ-σόμεθα Brit. p. 78, 24 (a. 164). ἡ-μᾶς ibid. p. 7, 22. ἀ-ποδό-μενος Gr. H² 32, 9 (a. 101). δι-ά II Fl. P. 12, 4, 6 (a. 241); Brit. p. 8, 26 (a. 164); p. 19, 7 (a. 161). ὀψόνι-α (sic) Brit. p. 38, 26 (a. 158). ἀγνο-ῶ Taur. 3, 9 (a. 127). εἴ-η Par. 63, 1, 5 (a. 165). ὀμνύ-ο (sic) Par. 47, 2 (a. 153). νεύ-ι (Blaſs) Par. 1, 203 [Letr. δύνε-ι!] vor 165. Ἀχιλῆ-ι Par. 2 col. 12 (vor 160) u. ä. m.

24) Bekker anecdot. 675 Z. 14 ff. Gardthausen, griech. Paläographie 1879 p. 270 ff. K. Bl. I 351 ff. Blaſs im Hdb. kl. A.² I 310 f.

25) Während der Chrysippuspap. (aus dem Anfang des 2. Jahrh. v. Chr.) uno tenore geschrieben ist [vgl. Th. Bergk, Commentatio de Chrysippi libris περὶ ἀποφατικῶν p. 21: scriptura est continua neque distinctionis ullum reperitur vestigium], zeigt der so ziemlich gleichzeitige Eudoxuspapyrus (Par. 1) vollständig durchgeführte Worttrennung und, abgesehen von den durch die Abbildungen herbeigeführten Spatien, mancherlei Absätze und Anfänge a linea. Solche Absätze von vorne (häufig mit παράγραφος) zeigt auffallend regelmäſsig Par. 62 Planches XLI (Rundschreiben an die Finanzbeamten c. 170 v. Chr.). Schon in den Rev. L. (a. 259) sind die einzelnen Steuergesetze durch Spatien (u. παράγραφος) deutlich von einander geschieden und oft durch Überschriften eingeleitet. In Privaturkunden sind Intervalle selten.

2. Zur Trennung der Worte, Sätze und Abschnitte sind folgende Zeichen im Gebrauch:[26])

    a. der von Alters her geläufige, auch auf Inschriften vorkommende Doppelpunkt (:). Selten einzelne Worte trennend, entspricht er gewöhnlich bald unserem Punkt nach kleineren oder grösseren Abschnitten, bald schwächeren Interpunktionen, wie Semikolon oder Komma; in poetischen Stücken scheint er zugleich der rythmischen Koleneinteilung zu dienen.[27]) Über die Verbindung mit der παράγραφος vergl. unten c α.

    b. Weit häufiger begegnet die παράγραφος, ein Querstrich, der mit einem kleineren oder größeren nach unten gewandten Häkchen beginnt und unter diejenige Linie gesetzt wird, innerhalb welcher ein Satz oder Abschnitt endet.[28]) Literarische Texte des 3. Jahrh. v. Chr. entbehren sie fast nie; auch in den folgenden Jahrhunderten bevorzugen diese Interpunktion wissenschaftliche und officielle Dokumente, weniger private Urkunden, wie Briefe, Bittschriften etc. Dagegen steht die παράγραφος zu jeder Zeit gern am Schluss eines Schriftstückes.[29])

    c. Manchmal verbindet sich die παράγραφος mit anderen Satzzeichen wie

---

26) *Mhs.* 10 f. *Gardthausen* 270 ff.

27) Nur worttrennend ist der Doppelpunkt z. B. im Artem. Pap. 6 zwischen dem Adverbium κακῶς und dem dazugehörigen ἀπολύοιτο (3. Jahrh. v. Chr.). Unserem Punkt entspricht er ibid. 5 (nach θάψαι) und 9 (καθημένων); ebenso I Fl. P. 5, 3, 6 (Phädo c. 300), wo die Frage (ζᾶσιν) und Antwort (ἀνάγκη) sowohl unter sich als vom Folgenden getrennt erscheinen. Ferner Par. 63, 8, 12 (a. 165) στοχαζόμενος: 15 παρίστημαι: Schwächere Pausen liegen vor: Artem. P. 9; 11; 13; 16 (3. Jahrh.). Par. 63, 8, 4 nach ἀνσχεραίνειν (a. 165): Par. 1, 376 nach διεξέρχεται (vor 165); AEF 14, 10 nach Ζμύρνης (a. 150 od. 139). Besonders häufig steht der Doppelpunkt im erotischen Fragment AEF 1 (nach 173), wo er nicht bloß logische, sondern sicherlich auch kolometrische Zwecke erfüllt: so Col. I, 1, 2, 3, 4, 5, 6 (nach καί!), 10, 12, 14, 15, 17, 19. Col. II, 5. Vgl. *O. Crusius*, Philolog. 55, 380. *U. v. Wilamowitz*, Gött. G. A. 1896, 299 ff.: Des Mädchens Klage, eine alexandrin. Arie.

28) *Gardthausen* p. 273. Hdb. kl. A.² I, p. 311 (*Blaß*). Älteste Belege aus dem 5. Jhrh. v. Chr.: C. I. Attic. I, 319; Iacon. Damononinschr., abgebildet bei *Röhl*, Imag. inscr. gr. antiquiss.² S. 28, nr. 16.

29) III. Jahrhundert.

    a) in klassischen Texten: I Fl. P. 1 u. 2 (Antiopefragm. c. 245 geschrieben) an vielen Stellen, namentlich bei Personenwechsel; ebenda 3 u. 4 (klassische Fragmente — aus derselben Zeit) und insbesondere im Phädo- und Lachespapyrus (I Fl. P. Nr. 5—8 und II Fl. P. Nr. 50 — beide c. 300); ferner I Fl. P. Nr. 9 (klass. Fragm.), Nr. 10 (rhetor. Stück), Nr. 25 (*Moνσεῖον* des Alkidamas geschr. a. 225) bei jedem neuen Citat.

    b) Urkunden haben die παράγρ. fast nur am Schluß größerer Abschnitte, namentlich bei Zahlensummierungen: R. L. (a. 259/8) an vielen Stellen, II Fl. P. 14, 1 a, 12; 27, 1, 9 u. 11 (a. 236); 29, a, 11; d 3 u, 12; 37, 1 a, 4; 39, g, 12 u. 20 u. s. w.

II. Jahrhundert.

    a) literarische Stücke: im Eudoxuspap. sehr häufig, sowohl im Inneren als am Schluß der Columnen (vor 165); im dialektischen Pap. (Par. 2) hauptsächlich bei neuen Citaten (c. 193—165 v. Chr.); im erotischen Fragm. AEF1 (nach 173) 9 mal.

    b) Officielle Urkunden: Par. 62, col. 4, 12 u. 14; 5, 2; 11; 15 (c. 170). Par. 63, col. 9, 27; 31; 32; 46; col. 11, 66; 79; 81; col. 12, 85; 87; 88; 92 (a. 165). In Privataufzeichnungen fast nur am Schluß oder bei größeren Abschnitten. Vgl. AEF 11, 2, 5 (a. 157); ibid. 14, 7; 10; 12 (a. 150) — Aufzählung von Gegenständen aller Art. Gr. H². 17, 18 (a. 136); 21, 25 (a. 113). Im Inneren fehlt das Zeichen auch in den sorgfältigst geschriebenen Stücken, z. B. Par. 12 (a. 157); 13 (a. 157); 26 (a. 163); 27 (a. 160); 30 (a. 162) u. a. m.

α. mit dem Doppelpunkt³⁰)

β. mit einem schrägen Strich am Rande, der unten mit einem Häkchen von innen beginnt und oben mit einem Häkchen nach aufsen endigt (*ϲ*), also wie ein verkehrtes schiefliegendes S aussieht. Das Zeichen steht auch gelegentlich ohne *παράγραφος*.³¹)

d. Der Buchstabe *χ*, ursprünglich das Zeichen für eine verdächtige oder erklärungsbedürftige Stelle (daher bei Scholiasten: *ἐνδεῖ δὲ τοῦ χ, χιάζεται ὁ στίχος*) findet sich im dialektischen Papyrus. Doch ist die Erklärung unsicher.³²)

Anmerkung. Von der alexandrinischen Interpunktion des Aristophanes v. Byzanz (*τελεία στιγμή, ὑποστιγμή, μέση στιγμή*) finden sich in den ptolemäischen Papyri, so viel ich sehe, keine Spuren.

§ 3.
Zahlen und Zahlzeichen.

1. Das alexandrinische 27ziffrige Zahlensystem ist durchweg verwendet sowohl für Kardinal- als für Ordinalzahlen.³³)

2. Zahlzeichen sind die geläufigen 24 Buchstaben des Alphabets, aufserdem als *ἐπίσημα* die alten Zeichen *στίγμα* (= 6), *κόππα* (= 90), *σαμπῖ* (= 900). Die Tausender sind durch ein rückläufiges Häkchen oberhalb des Zahlzeichens ausgedrückt: $\bar{A} = 1000$, $\bar{B} = 2000$ etc. Das lapidare $\Sigma = 200$ begegnet in der Cursive des 3. Jahrhunderts.³⁴)

---

30) I Fl. P. 5, 3, 6 u. 12 (Phädo c. 300). Par. 49, 15; 17; 24; 26; 28 (zwischen Vorder- und Nachsatz); 30 (ein Brief etwa vom Jahre 160 v. Chr.). AEF 1, 1, 5; 12 (nach 173).

31) Par. 2 in allen vollständig erhaltenen Kolumnen, beim Eintritt eines neuen Citats (vor 160). Nach Blafs, Hdb. kl. A. I, 311 ist dies die Koronis, die man auch am Schlufs eines Buches findet (Isid. Orig. I, 21).

32) Par. 2, col. 6 wiederholt (vor 160). Brunet de Presle bemerkt dazu (Not. et extr. 18, 2 p. 100): „les quatres lignes suivantes sont marquées en marge d'une sorte de χ, lequel me parait indiquer qu'elles contiennent une répétition qu'il faut effacer." Doch wird sonst Nichtgültiges einfach durchgestrichen (*διαγράφειν*), so Par. 34, 20 ff. (a. 157); 63, 5, 143 (a. 165); ibid. col. 13, 2 (a. 164), manchmal zugleich oben oder unten punktiert (*περιγράφειν*), so Par. 2 (also im gleichen pap. wie das χ!) col. 14, 16 (oben); unten z. B. I Fl. P. 14, 5 u. 14 (a. 237); 16, 1, 7 (a. 237). II Fl. P. 13, 18b, 9 u. 16 (a. 258); 14, 1b, 5 (3. Jahrh.). Besser pafst auch hieher die Erklärung, die Brunet de Presle in der Einleitung zum Alcmanfragm. (l. c. p. 418) von diesem χ gibt: „Le signe χ employé dès une assez haute antiquité dans les manuscrits pour signaler certains passages, qui avaient besoin de commentaire." Das χ steht im Alcmanfragment (3. Jahrh. nach Chr.) col. 2, 25 u. 27; 3, 15; 30; 32 (hinter einer Glosse). Gardthausen 278.

33) So schon im Rev. Pap. (a. 259/8) und in den ältesten Urkunden der Sammlung Flinders Petrie bis in die röm. Zeit. Vgl. Gardthausen, Paläogr. 264 ff. Blafs im Hdb. Kl. A. I, 282. Hinrichs ibid. 433 ff. Eine Zusammenstellung einzelner Zahlzeichen in den Papyri geben Brunet de Presle in den Notic. et extr. 18, 2 p. 326 f. A. Peyron Pap. Taur. Tavola VI. Leemans, Pap. Leid. I p. 92. Mahaffy zu II Fl. P. Einleitg. 39.

34) Das *στίγμα* hat im 3. Jhrh. die alte Form des *οὐαῦ* (Digamma) ⊂, z. B. I Fl. P. 11, 4 (3. Jhrh.) 12, 18 u. 21 (c. 238); 21, 12 (a. 237); 23, 11; 26, 2 u. 4 (a. 241). II Fl. P. 4, 2, 14 (a. 255); 4, 11, 8 (a. 255); 38 b 9 u. s. w. Im 2. Jhrh. beginnt eine Umbildung in der Weise, dafs der untere Querstrich sich nach links hin als kleines Häkchen fortsetzt (Gardthausen l. c. 265), bis das Zeichen fast einem grofsen latein. S gleichsieht; z. B. schwach gewunden Par. 23 verso links letzte Zeile (a. 165); 42, 15 (a. 156); wie S Par. 48, 25 (a. 153); mehr eckig Par. 46, 23 (a. 153). Das *κόππα* hat nirgends den senkrechten Strich in der Mitte des ○ (= Ϙ), sondern immer rechtsseitig, das ○ rechts mehr oder weniger offen, z. B. R. L. Append. II, 5 (3.Jahrh.); II Fl. P. Einl. p. 34, 8 (3. Jahrh.); ibid. 13, 17, 3 (a. 258); 28 col. 8. Nach Leemans zu Leid. p. 92 hat es die Gestalt Ꝗ z. L. Leid. C. p. 92 col. 4, 18 unter col. 4.

Das *σαμπῖ* hat noch im 2. Jahrh. die alte Form ⊤, z. B. Par. 53, 32 u. 35 (pl. XXXVI col. 3) a. 163; 54 col. 2, 39; 3, 59 u. 77 (pl. XXXV) a. 163; 55 bis col. 1, 38 (pl. XXXVIII) a. 160. Leid. C. p. 92 col. 4, 18

3. Der die Zahl ausdrückende Buchstabe wird sehr häufig, namentlich bei den Daten, durch einen darüber gezogenen Querstrich (z. B. $\overline{\varkappa\varepsilon}$), Brüche stets durch einen accentähnlichen aufrechten Strich gekennzeichnet ($\acute{\gamma} = \frac{1}{3}$). Als Zeichen für $\frac{1}{2}$ dient ein spitzer Winkel mit der Spitze nach unten (z. B. $\gamma \llcorner = 3\frac{1}{2}$).[35]

4. Einer Zahlensumme wird der Buchstabe Γ ($= \gamma\acute{\iota}\gamma\nu\varepsilon\tau\alpha\iota$) oder eine (daraus entstandene) schräg ansteigende Linie mit oder ohne Widerhaken am oberen Ende (/ /\) vorgesetzt. „Rest" bedeutet ein nach links offener Halbkreis ($\supset$).[36]

§ 4.

Sonstige Lesezeichen. Tachygraphie (?).

1. Unterscheidungspunkte über dem Jota (ï) und Ypsilon (ÿ) sind im Hyperidespapyrus (2. Jahrh. v. Chr.) angewendet, aber zunächst nicht bei der Diärese, sondern überhaupt da, wo der Vokal eine Silbe beginnt, z. B. $\ddot{\iota}\delta\iota o\nu$, $\ddot{\iota}\pi\pi\alpha\rho\chi o\varsigma$, $\ddot{\upsilon}\pi\acute{\varepsilon}\rho$, $\varepsilon\acute{\iota}\sigma\tilde{\iota}\eta\varsigma$, $\tau o\upsilon\tau o\upsilon\tilde{\iota}$, $o\check{\upsilon}\tau o\sigma\tilde{\iota}$.[37]) Der Papyrus Harris (Ilias XVIII) aus dem 1. Jahrh. v. Chr. (?) soll in etwa $\frac{4}{5}$ der Fälle den Doppelpunkt über ι haben, wo wir ihn heute setzen.[38]) In Urkunden kommen die diakritischen Punkte aufserordentlich selten vor, einmal — wenn dem Facsimile zu trauen ist — über anlautendem ι nach auslautendem ι in der Verbindung $\varDelta\grave{\iota}$ $\ddot{\iota}\varkappa\alpha\nu\tilde{\omega}\varsigma$ (2. Jahrh.).[39])

2. Die Versuche, Tachygraphie in den ptolemäischen Papyri nachzuweisen, sind mifsglückt: die betreffenden Schriftzüge haben sich als cursiv geschriebene eigenhändige Beamtenunterschriften herausgestellt.[40])

Leid. T. col. 1, 2 u. 3 (c. 160). Tausender z. B. I Fl. P. 23, 4, 6 u. 8 $\widehat{A} = 4000$; ibid. 12 $\overline{A} = 1000$ (3. Jahrh.) R. L. 60, 25 $\Gamma = 3000$ (a. 259). Fürs 2. Jahrh. zahlreiche Beispiele in den Rechnungen der im Serapeum dienenden Zwillingsschwestern (Par. nri. 53 ff. c. 160 v. Chr.). — $\Sigma = 200$ II Fl. P. IV, 11, 4; 5; 7 (a. 255). Vgl. Mahaffy zur Stelle u. Einleit. p. 39.

35) Par. 5, 1, 18 (a. 114) $\pi\eta\chi\varepsilon\omega\varsigma$ (sic) $\tau\varrho\acute{\iota}\tau o\nu$ $\pi\varepsilon\nu\tau\alpha\varkappa\alpha\iota\delta\acute{\varepsilon}\varkappa\alpha\tau o\nu$ (sic), was nachher col. 2, 2 geschrieben ist $\pi\acute{\eta}\chi\varepsilon\omega\varsigma$ $\acute{\gamma}$ $\acute{\iota}$ ε'. Das Zeichen für $\frac{1}{2}$ z. B. Leid. S. col. 2, 5 u. 11; 16; 3, 15 u. oft (c. 160). — Auch ausgeschriebene Zahlwörter tragen manchmal den Querstrich; so Par. 1, col. 1, 19 über $\tau\varrho\varepsilon\tilde{\iota}\varsigma$; IV, 18 über $\tilde{\varepsilon}\nu$; V, 5 über $\tau\varrho\iota\sigma\acute{\iota}\nu$; XIII, 3 über $\delta\acute{\iota}\varsigma$. Vgl. Blafs, Eudoxuspap. 13.

36) Γ häufig in den Par. 52 ff (c. 160); die schräge Linie schon II Fl. P. 25b (3. Jahrh.); 39, f (a. 246). Par. 66, 36; 49; 56; 65 (nach Mahaffy 3. Jahrh.); Par. 9, 26 (a. 107) u. oft. — Das Zeichen für Rest II Fl. P. 34, b, 19; 39, c, links 5 u. 25, rechts 12 (3. Jahrh.); Par. 52, 1. 11 (pl. XXXV) a. 163; 54, 2, 52 (c. 160). Leid. C p. 92 col. 3 (a. 164).

37) Blafs, Praefatio zur Hyperidesausgabe 1881 p. IX. K. Bl. I, 243 Anmerkung 1.

38) So W. Schm. § 5, 5 Anm. 7. Dagegen stammen diese Punkte, wie auch Accente, Spiritus, Apostroph etc. in den Iliasfragmenten (Notic. et extr. 18, 2 p. 111 ff.) sicherlich aus einer späteren Zeit; das älteste dieser Stücke (p. 120 ff.) hat keinerlei Punktation. Dagegen hat der Aristotelespapyrus (Ende des 1. christl. Jahrh.) die diakritischen Punkte.

39) Par. 63, 1, 6 (a. 165). Aber z. B. $\pi\varrho o\upsilon\pi\alpha\varrho\chi o\acute{\upsilon}\sigma\alpha\iota\varsigma$ Brit. p. 7, 10 (a. 164/3); $\dot{A}\chi\iota\lambda\tilde{\eta}\iota$ Par. 2, col. 12 1; 6; 11; 17 (vor 160).

40) Gardthausen, Paläogr. 218 u. Gitlbauer, die Überreste griech. Tachygraphie im Codex Vatican. graec. 1809 (p. 6) widerlegt v. Wessely, Wiener Stud. III, p. 1 ff. Es handelt sich hauptsächlich um 4 Papyri des 2. Jahrh. v. Chr. Paris. Planches XVI, col. 50; XLIX; Vindobon. 26. Leid. M. col. 2.

II. Lautlehre.

Vocalismus.

A. Einfache Vocale.

§ 5.

a.

I. Schwanken zwischen $\bar{a}$ und ε.

a. $\bar{a}$ wird ε.

1. Der Name des unter einem der ersten Ptolemäer aus Sinope eingeführten Gottes[41]), aus dessen Heiligtum bei Memphis ein grofser Teil der erhaltenen Papýri des 2. Jahrh. v. Chr. stammt[42]), lautet seit dem 3. vorchristl. Jahrh. regelmäfsig *Σάραπις*, ebenso die Derivata *Σαραπίων, Σαραπιεῖον, Σαραπιάς*, gleichviel ob die erste Silbe betont ist oder nicht (im ganzen gegen 200 Fälle).[43]) Nur an Einer Stelle steht, neben *Σαραπιεῖωι*, die Form *Σεραπιεῖωι*, die in der nachchristl. Zeit (neben *Σάραπις*) immer häufiger begegnet.[44]) Der altägyptische Gottesname Osiris Apis, d. h. der verstorbene Apis, der wohl ursprünglich nicht identisch war mit *Σάραπις*, findet sich in der doppelten Form *Ὀσοράπις* und *Ὀσεράπις*: jene herrscht im 2. Jahrh. v. Chr., diese findet sich nur

---

41) Nach Tacit. hist. IV, 83—84 war es Ptolemaeus I. Plut. de Iside et Osiride cap. 28. Zum ganzen Abschnitt über *Σάραπις* vgl. *Joh. Schmidt*, K. Z. 32, 358. *Mhs.* 12.

42) Vor allem die Bittschriften des Klausners Ptolemäus für die Zwillingsschwestern, dann Briefe, Traumberichte, Rechnungen. Exemplare befinden sich besonders zahlreich in Paris (Not. et extr. 18, 2 Division III), London, Leiden, Turin, Rom.

43) Übrigens scheint die richtige Accentuation *Σαράπις* zu sein, womit die Erklärung von *Joh. Schmidt*, K Z. 32, 358 f. hinfällig wird. Vgl. Index zum Band I der Berliner Papyri. *Wilcken*, G. G. A. 1894, 718. Actenst. p. 35 ff. Wenn ich der bisherigen Accentuierung folge, so findet sich das *a*

α) unter dem Accent in: *Σάραπις* Par. 31, 38 (a. 163); 30, 12 (a. 162) = Leid.'D 1, 11, Brit. p. 25, 29; 26, 25 (a. 161). Vat. (Mai t. V, 354) 34 (c. 158) etc. *Σάραπιν* II Fl. P. 46a, 3 (a. 200). Par. 51, 24 (a. 160); 47, 3 (a. 153) Brit. p. 25, 9 = 26, 9 (a. 161) etc.

β) in accentloser Silbe in: *Σαράπιος* Par. 1, 537 u. 542 (vor 165); 31, 7 (a. 163). Leid. B, 1, 3 (a. 164). Brit. p. 34, 19 (a. 161). τοῦ *Σαράπι* (gen.) [über das Prinzip dieser Genetivbildung vgl. *Hatzidakis* 76 ff.] Brit. p. 25, 6 = 26, 6 (a. 161). *Σαράπει* Par. 26, 48 (a. 163); 29, 23 (a. 160). Brit. p. 163, 9 (a. 160) Leid. B, 3, 17 (a. 164). *Σαράπηι* (= ει) Leid. C 4, 6 p. 92 (a. 162). *Σαραπίων* II Fl. P. 43, b, 53 (3. Jahrh. v. Chr.). Par. 60, 6 (a. 153); 5, 9, 3 (a. 114). Brit. p. 11, 13 (a. 162); 42; 134; 140 (a. 158). *Σαραπίωνος* AEF 18, 1, 30 (a. 132). *Σαραπίωνι* Par. 27, 1 = 28, 1 (a. 160). Brit. p. 71; 9, 1; 10, 2 (a. 162) u. s. w. *Σαραπίωνα* Brit. p. 10, 13; 11, 38 (a. 162). *Σαραπιεῖον* Par. 12, 6 u. 12 (a. 157); 23, 18 (a. 165). *Σαραπιεῖου* Par. 11, 9 u. 17 (a. 157). Brit. p. 14, 6; 16, 11 (a. 162) etc. *Σαραπιεῖωι* Par. 22, 3; 23, 2 u. 27 (a. 165). Brit. p. 7, 4 (a. 164/3); 38, 11; 40, 64 (a. 158) u. s. w. *Σαραπιάδος* AEF 21, 4 (a. 126).

44) *Σεραπιεῖωι* Par. 34, 9 (a. 157) — daneben 14 *Σαραπιεῖον*. Aus nachchristl. Zeit: *Σεραπίων* Not. et Extr. 18, 2 p. 433 tessera 13, 3 (p. 163). *Σεραπάμ[μων]* ibid. p. 429 tess. 5, 1 (p. 141). *Σεραπάμμωνος* Par. 17, 20 (p. 154) neben *Σαρακάμμωνος* (13). *Σεραπιάδα* Berl. Pap. I, 46, 3 (p. 193), aber I, 9 col. II, 14 *Σαραπιάς* (Ende des 3. christl. Jahrh.), τοῦ *Σαράπι* Leid. II, 129 u. 131 (2/3. Jahrh. n. Chr.).

im ionischen Artem. Pap. (nach Mahaffy I Fl. P. Einleitung p. 54 aus dem 3. Jahrh. v. Chr.).[45])

2. Der Lautwandel von *α* zu *ε*, dem noch G. Meyer[46]) wenig Bedeutung beimessen will, greift seit dem 3. Jahrh. v. Chr. in den Papyri immer mehr um sich, so dafs man darin keine Verschreibung, sondern Lautschwächung infolge schlechter Aussprache erblicken darf. Betroffen werden zunächst nur unbetonte Silben, z. B. *τετεγμένος*, *ἠργολεβηκ[ότες]*, *διορθώμεθα* (sic) = *διορθώματα*, *ὁμωμόκεμεν* (perf.), *ἐπειρότατον* = *ἀπειρότατον*, *ἐντρεπέντος*, *ἐστρεμμένα*, *Μεκεδώνος* (sic), *Μαικεδόνος* (gelesen = *Μεκεδόνος*), *ὦτα ἐφεστηκότα* statt des gewöhnlichen *ἀφεστηκότα*.[47]) Dieser Prozefs ist im stetigen Fortschritt begriffen, wie die Papyri der Kaiserzeit beweisen, z. B. *ῥεφανίνου*, und greift später sogar betonte Silben an, wie in *ἐπένεγκες* = *ἐπάναγκες*, *ἔπαντες*.[48]) Die Accusative plur. der 3. Dekl. auf -*ες* statt *ας* wie *δύω γυναῖκες καθημένας*, *τοὺς ἐνέγκαντες*, *τοὺς λέγοντες*, *δραχμὰς τέσσαρες*, *θεοὺς πάντες* u. a. sind vermutlich nicht nur durch Lautverschlechterung, sondern zugleich als Analogiewirkung vom Nominativ aus zu erklären.[49])

3. *ἕνεκα* — *ἕνεκε(ν)*. Die gewöhnliche Form der *κοινή* ist *ἕνεκεν*, an drei Stellen finde ich *ἕνεκα* und *οὕνεκα*.[50])

4. *ἐρσενικά* = *ἀρσενικά* im Testament eines Kyrenäers erweist sich als Dorismus; *ἐμφενάς* statt *ἐμφανές*, sowie ὁ *Φίλιππος ἐπέταξαν* (= *ξεν*) als Schreibfehler. *ψίαθος* (Matte) findet sich an drei Stellen, nirgends *ψίεθος*.[51])

b. *ε* wird *α*.

5. Bei der Form *πεντακαιδέκατος* scheint die Analogie mit anderen Zusammensetzungen wie *ἑπτακαιδέκατος*, *ἐννεακαιδέκατος* das *ε* in *α* verwandelt zu haben.[52])

6. Ein Schreiber der Bank zu Theben schreibt konsequent als Futurum *ἐπελεύσασθαι* in einer Formel, in der sonst *ἐπελεύσεσθαι* stehend ist.[53])

45) τοῦ Ὀσοράπι Brit. p. 28, 7 (a. 161). τοῦ Ὀσοράπιος Brit. p. 23, 23 (a. 161); Leid. G 11; II 10 u. 22; J 10; K 2 (alle a. 99). [Ὀ]σοράπει Par. 22, 3 (a. 165). — Artem. Pap. (Blafs) 1 ὦ — Ὀσεράπι, Ὀσερ[άπιος]. 4 Ὀσεράπις. 7 Ὀσερ[άπιος] — ἐμ Ποσεράπι (= im Hause des Ὀσεράπις). 8 Ὀσεράπιος — 10. 10 Ὀσ[ε]εάπιν. 13 [Ὀσερ]άπ[ις]. — Zur Sache Joh. Schmidt, l. l. p. 360. Anm. Anders Bern. Peyron Pap. greci 5 ff.

46) Gr. Gramm.² 55: „von keinem Belang sind späte (?) Schreibungen wie Μεκεδόνος, ἔπαντες."

47) τετεγμένος R. L. 41, 13 (a. 259/8); ἠργολεβηκ[ότες] II Fl. P. 13, 18, b, 8 (a. 258—53); διορθώμεθα Par. 62, 1, 7 (c. 170); ὁμωμόκεμεν Par. 46, 13 (a. 153); ἐπειρότατον Par. 63, 2, 54 (a. 165); ἐντρεπέντος Par. 37, 24 (a. 163); ἐστρεμμένα Par. 1, 281 (vor 165); Μεκεδώνος Par. 41, 7 (a. 158). Μαικεδόνος Brit. p. 24 (XXXV) 2 (a. 161); ἐφεστηκότα Gr. H.² 33, 2 (a. 100).

48) ῥεφανίνου Berl. I 34 R 5, 18; 20; 22 (unbest. röm.); ἐπένεγκες Par. 21 b, 24 (p. 592); ἔπαντες ibid. 4.

49) δύω γυναῖκες καθημένας Par. 50, 21 (a. 160); τοὺς ἐνέγκαντες Par. 60 b, 22 (2. Jahrh.); τοὺς λέγοντες Par. 47 verso 3 (a. 153); δραχμὰς τέσσαρες Leid. O 25 (a. 89). θεοὺς πάντες Leid. U 2, 19 (2. Jahrh.). Vgl. Hatzidakis 139.

50) ἕνεκεν τὴν R. L. 56, 9 (a. 259/8). ἕ[ν]εκεν . . . II Fl. P. 2, 3, 3 (a. 260). ἥνεκεν . . . Par. 64, 33 (a. 164). ἕνεκεν τοῦ Taur. I, 2, 10 (a. 117). ἕ[νε]κα τοῦ Brit. p. 30, 14 (a. 172); Vat. (Mai tom. 5, p. 355) 16 (a. 157). οὕνεκα τοῦ II Fl. P. 19, 1a, 2 (3. Jahrh.). K. Bl. I, 117. Mhs. 176, 24.

51) ἐρσενικά II Fl. P. Einl. p. 23, 13 (a. 238). Vgl. Witkowski 3. ἐμφενάς II Fl. P. 4, 6, 11 (a. 255). ἐπέταξαν Par. 23, 6 (a. 165). τῆς ψιάθου Leid. C. p. 92, 3, 6 (a. 162). Par. 50, 10 (a. 160); ebenda 11 ἄλλην ψίαθον, 12 ἡ ψίαθος. K. Bl. I, 117.

52) πεντακαιδέκατος Par. 5, 1, 8 (a. 114).

53) ἐπελεύσασθαι Gr. H.² 25, 16; 26, 14; 28, 14 (a. 103); 30, 17 (a. 102); 33, 10 (a. 100). Richtig ἐλεύσεσθαι (in derselben Formel) AEF 11, 1, 20; 2, 19 (a. 157).

II. Übergang von α in ο.

7. In einem (schlecht geschriebenen) Pap. des 2. Jahrh. findet sich zweimal die sonderbare Form ἄνασσον = ἄνυσσαν.[54])

III. Schwanken zwischen ᾱ und η.

   a. Analogiewirkungen:

8. ἀνηλίσκω und ἀνήλωμα sind stehende Analogieformen statt ἀναλίσκω und ἀνάλωμα, zurückzuführen auf das festgewordene Augment.[55])

9. Neben χρῆσθαι findet sich die durch Analogie entstandene Form χρᾶσθαι.[56])

   b. Dialektische (ionische) Einwirkung:

10. Das η in der α-Deklination nach ι, ε und ρ findet sich fast nur im ionisierenden Artem. Pap. (3. Jahrh.) mit Formen wie Ἀρτεμισίη, ἱκετηρίην und in dem poetisch gehaltenen erotischen Fragment (Grenfell) mit ἀκαταστασίης, dagegen so gut wie nirgends in der Prosa. ζεή = ζεά ist unsichere Lesart; καθηκνύης offenbar eine Zwitterform aus dem gewöhnlichen καθηκούσης und καθηκυίας. In einem sehr fehlerhaft geschriebenen Papyr. des 2. Jahrh. v. Chr. begegnet die Form ἀκιστηίη, in der jedoch weder die Endung η noch der Laut ηι notwendig als Ionismus zu betrachten ist: zur Endung vergleiche man analoge, in der κοινή vorkommende Formen wie ἀρούρης, σπείρης, die schon im attischen κόρη ihr Analogon haben; ηι aber könnte wie bei στρατη[ίαι] auf einer pergamenischen Inschrift für ει (= ē) gemeint sein. Nach derselben Analogie bildet βύρσα den Accusativ βύρσην.[57])

11. Nur in einem klassischen Text begegnet ἤν = ἄν (ἐάν).[58])

§ 6.
I. ε.   **E-Laute.[59])**

1. Zum **Schwanken zwischen** ε **und** α § 5, I; über ε und αι § 10, 7 u. 8; ε und ο § 7, 1; ε und ι § 8, 3; ε und ει § 11, 13—16.

---

54) τὴν ἄνασσον Leid. U 3, 9; ἄνασον (sic) Ἴσιν ibid. 2, 10 (2. Jahrh.). Mehrere Beispiele bieten Inschriften aus Bostra (also arabischer Idiotismus?) Waddington zu Le Bas voyage arch. III 1916 παρό, ὀθλοφόρος, Θεονδότιον, βίορχος. 2090 πόντων (= πάντων). 2427 εὐτυγίσαντες (aor.). 2556 διό = διά.

55) ἀνηλισκόμενον R. L. 51, 18; 54, 19 (a. 259/8); ἀνηλισκέτω ibid. 53, 25. ἀνηλίσκειν II Fl. P. 13, 18 b, 17 u. 18 (a. 258—53). ἀνηλώσιν (= σειν) Rev. L. 50, 9. ἀνηλωθήσεσθαι ibid. 51, 17. ἀνήλωμα R. L. 48, 11; 51, 20; 55, 4 (a. 259); II Fl. P. 13, 14, 4 (a. 258—53); ibid. 33a B (a. 244—40); 38c verso 59 (c. 250). Par. 55b, 2; 39; 47. 60b, 1; 59, 9 (a. 160); 62, 5, 18; 6, 3 (c. 170); Leid. S 1, 13; 2, 2; 4; 5 (a. 164—160). Gr. H² 29, 18 (a. 102). Par. 7, 11 (a. 99) u. s. w. ἀναλίσκειν Par. 49, 19 (c. 160).

56) χρῆσθαι II Fl. P. 21b, 3 (3. Jahrh.) χρήσωνται ebda 5b, 4 (c. 250). — καταχρᾶσθαι II Fl. P. 31, 10 (3. Jahrh.); καταχράσθωσαν R. L. 50, 14 (a. 259).

57) Ἀρτεμισίη Artem. P. 1; 12; Ἀρτημισίη 14. ἱκετηρίην 9 (3. Jahrh.) [aber 11 ἱκετηρίας]. ἀκαταστασίης AEF 1, 1, 4 (nach 173). ζεή II Fl. P. 23, 1, 2 (unb.), wozu Mahaffy: The writers α and η are hardly distinguishable. καθηκηίης Brit. p. 29, 5 (a. 161). καθηκούσης Leid. B 2, 20 (a. 164) u. oft. ἀκιστηίη Par. 23, 5 (a. 165). [Aus welchen Gründen E. Schweizer p. 64 dieses Stück ins 2. Jahrh. nach Chr. setzt, ist mir unerfindlich: handelt es doch augenscheinlich wie Par. 22 von der Affäre der Zwillingsschwestern im Serapeum.] ἀρούρης Berl. I, 101, 22. σπείρης ibid. I, 26, 22 (p. 174); Par. 69, C. 7 (p. 233). στρατη[ίαι] Inschr. v. Pergam. I, 13, 54. Vgl. E. Schweizer p. 63 f. βύρσην II Fl. P. Einl. p. 37d, 7 (3. Jahrh.) gen. βύρσης ibid. p. 129 links 10, rechts 16 (3. Jahrh.). Zum ganzen W. Schmid, Gött. G. A. 1895 Nr. 1, p. 35.

58) I Fl. P. 10, 26 u. 27 (Rhetor. Fragm. c. 250 v. Chr.).   59) Bl. A.⁴ 35 f.

2

II. η.

2. Das Gefühl für den durch ε und η ausgedrückten quantitativen Unterschied der E-Laute schwindet seit dem 3. Jahrh. v. Chr., und auch von qualitativer Verschiedenheit der beiden Laute kann bei dem Schwanken zwischen η und ε keine Spur mehr nachgewiesen werden.

Es steht

a. ε statt η, und zwar

α. in unbetonter Silbe: ἐκπεπεδηκότος, ἐξειλεφύτι, στέρεσις, παρεστεκότες, ἀρχειπερέτην, ὑπόμνεμα, ἀπελλάγην, εἶε.[60]) Folgende Formen können auch in der Formenlehre unter Analogie betrachtet werden: ἀφεύρεμα, ἔκθεμα, πρόσθεμα, πεπονεκέναι.[61])

β. in betonter Silbe: ἐμ μετέχωσι, διὰ τὸ μὲ ἔχ[ειν], προσένηκε, πυρυειδές, δισχοειδέϛ, σκαφοειδές (3 masc.), οἰκέσεως.[62]

b. η statt ε.

α. in betonter Silbe: δή = δέ, δήοντα, ἐννήα, ἀρχιερῆα, Ἐργῆος, μετῆλθαι, ἥλικα, ἕως ἦλθη, τεθήαμαι, ἵνεκεν, εὐσήβειαν; besonders häufig, ja überwiegend im 2. Jahrh. v. Chr. ἦως = ἕωϛ, einmal zusammengezogen ἥϛ; dagegen im 3. Jahrh. v. Chr. nur ἕωϛ.[63])

β. in unbetonter Silbe: 3. Jahrh. Ἀρτημισίη, ἐνηστηκότα, ἐξεβιάσατό μη (= με), ἐνδηής, ἠτέραι; 2. Jahrh. ἠάν, πληονεξίας, ἠξημίοται (sic), συμπεριενενηγμένης, χήνηα, μητήνεκα, σφλαγγνίδης, γογγυλίδης (pluralia), πλῆρης (neutr.).[64])

---

60) ἐκπεπεδηκότες II Fl. P. 45, 2, 13 (a. 246). ἐξειλεφύτι ibid. 14, 1 b, 2 (3. Jahrh.). στέρεσις R. L. 54, 13 (a. 259) — aber 97, 3 στέρησις. παρεστεκότες II Fl. P. 4, 6, 13 (a. 255). ἀρχειπερέτην (= ἀρχυπηρέτην) Brit. p. 41, 121 (a. 158). ὑπόμνε[μα] II Fl. P. 9, 5, 1 (a. 241—39). — Dagegen verso ὑπόμνημα. ἀπελλάγην Par. 40, 28 (a. 156). εἶε Par. 44, 2 (a. 153).

61) ἀφεύρεμα Par. 63, 3, 13; 6, 10 (a. 165) [Phryn. 445]. ἔκθεμα II Fl. P. 13, 18 b, 7 u. 10 (a. 258—53). πρόσθεμα II Fl. P. 2, 4, 9 (a. 260); ibid. 8, 2c, 12 u. 13 (a. 246). πεπονεκέναι (sic) II F. P. 14, 1 b, 3 (3. Jahrh.).

62) ἐμ μετέχωσι I Fl. P. 10, 37 (c. 250). διὰ τὸ μὲ (= μή) ἔχ[ειν] II Fl. P. 14, 2, 18 (3. Jahrh.); προςένηκε (= προςήνεκε) ibid. 4, 6, 12 (a. 255). πυρυειδές, δισχοειδές, σκαφοειδές Par. 1, 131 = 136; 279; 280 (vor 165). οἰκέσεως ibid. 259 u. 250 (erste Hand, verbessert in οἰκήσεως).

63) δή R. L. 48, 9 (a. 259). δέ I Fl. P. 10, 42 (c. 250). δήοντα Leid. E 10 (a. 162). ἐννήα ibid. C p. 118 col. 1, 11 (c. 150). ἀρχιερῆα, Ἐργῆος ibid. U 3, 14; 4, 10 (2. Jahrh.) — möglicherweise poetisch-ionische Formen? μετῆλθαι Taur. I, 5, 27 (a. 117). ἥλικα (= ἕλικα) Par. 1, 474 (Blaß) vor 165. ἕως ἦλθη (sic) Par. 23, 10 (a. 165). τεθήαμαι ibid. 51, 38 u. 41 (a. 160). ἵνεκεν ibid. 64, 33 (a. 164). εὐσήβειαν Brit. p. 29, 4 (a. 161). ἦως in den Par. Pap. gegen 25mal (2. Jahrh.); Brit. p. 22, 5 in derselben Linie ἦως u. ἕως (a. 161). ἥς Par. 58, 20 (a. 158). ἕως in R. L. (a. 259) 5mal, in II Fl. P. (3. Jahrh.) über 20mal z. B. 4, 2, 6; 4, 6 (a. 255); 3, b, 1 (a. 280); 6, 4 u. 8 (a. 255) u. s. w.

64) Ἀρτημισίη, Artem. P. 14 (3. Jahrh.). ἐνηστηκότα, ἐξεβιάσατό μη II Fl. P. 4, 6, 7 u. 12 (a. 255). ἐνδηής (= ἐνδεής) ibid. 4, 7, 7 (a. 255). ἠτέραι ibid. 45, 3, 7 (c. 246). ἠάν Par. 58, 11 (a. 165). πληονεξίας ibid. 63, 3, 68 (a. 165). ἠξημίοται (= ἐζημίωται) ibid. 47, 18 (a. 153). συμπεριενενηγμένης ibid. 8, 14 (a. 131). χήνηα ibid. 54, 14 (a. 163) — 45 u. 68 χήνεα (= χήνεια). μητήνεκα Brit. p.41, 110 (a. 158). σφλαγγνίδης, γογγυλίδης Leid. C. p. 93 col. 4, 3 (c. 160). πλῆρης ibid. C. p. 118 col. 2, 14 (a. 150).

3. Dagegen läfst sich der Itacismus, d. h. der Wechsel zwischen den Lauten η, ι, υ, [$o\iota$] nur in ganz vereinzelten Fällen nachweisen, die zudem meist eine andere Erklärung gestatten.

a. **Schwanken zwischen η und ι.**

α. ι erscheint statt η in
ἀπολογίσωμαι Leid. A 31 (2. Jahrh. v. Chr.), nach Leemans z. Stelle = ἀπολογήσωμαι.[65]
ἐπιχωρίσαντος Vat. F (Witk.) 12 (a. 158) [Mai t. V p. 356].[66]
ἰμιτέλεστα = ἡμιτέλεστα Leid. U 3, 8 (2. Jahrh. v. Chr.) und ἰμίχουν (Witk.) = ἡμίχουν (wie sehr oft, z. B. II. Fl. P. Einl. 32, 4) Par. 43, 3 (a. 154).[67]
ποίσης (= ποιήσεις) Brit. p. 43, 4 (c. 162). ποισάμενοι Par. 41, 28 (a. 156). πεποιμένος (Witk. „ut videtur") Par. 40, 50 (a. 156).[68]

β. η erscheint statt ι in
ἀρχηπορεία Par. 1, 4, 4, was Letronne in ἀρχιπορεία verändert.[69]
ὁ Σάραπις καὶ Ἧσις Vat. D 13 (a. 162).[70]

b. **Schwanken zwischen η und υ.**

α. υ erscheint statt η in
[τῶν] ἐρύμων τόπων II Fl. P. 7, 5 (a. 249); vgl. ὁ τόπος ἔρημος ibid. 4, 9, 9 (a. 255).[71]
τὴν λοιπὴν πᾶσαν Par. 63, 6, 178 (a. 165).[72]

---

65) ἀπολογίσωμαι gehört (trotz *Leemans'* Bemerkung: per iotacismum pro ἀπολογήσωμαι scriptum puto p. 5) zu ἀπολογίζομαι. Vgl. ἀπολογισμός = Rechtfertigung Par. 63, 8, 17 (a. 165); ἀπολογίσασθαι II Fl.P. 10, 2, 4 (vor 240) u. 31, 7 (3. Jahrh.).

66) ἐπιχωρίσαντος, im Sinn von: ἐπιχωρήσαντος, ergibt sich im Zusammenhang: ἀξιώσαντός σε κατα-χωρίσαι μοι τὸν ἀδελφόν μου Ἀπολλώνιον καὶ σου ἐπιχωρίσαντος καὶ προστεθέντος τῆι δεξιλάου σημέαι (Compagnie) . . . leicht als Analogiebildung zu dem vorausgehenden καταχωρίσαντος.

67) Stehen die Lesarten ἰμιτέλεστα und ἰμίχουν wirklich fest — zu ersterem fehlt bei *Leemans* das Facsimile, bei letzterem wäre Platz genug für den zweiten Strich des H —, so liegt dennoch Assimilation des durch Tonlosigkeit schwach gewordenen Anlautvokals an den folgenden (wie in ὀλοθρεύω, ἴμυσον) viel näher als der Itacismus.

68) Was die Formen ποίσης, ποισάμενοι, πεποιμένος (?) betrifft, so erscheint der Itacismus als die un-wahrscheinlichste Erklärung hiefür. Jedenfalls darf man ποίσης etc. nicht ohne weiteres einem (zwar nicht seltenen) κοήσης, ποησάμενοι gleichsetzen, weil doch der Laut οι als Diphthong für sich und nicht sofort für οι zu nehmen ist; vielmehr mufs man durch ποιήσης, ποιησάμενοι hindurch auf die verkürzten Formen kommen. Während nun *Bl. A.*² 37, Anm. 94 darin eine „plebeische Kontraktion" des vielgebrauchten Wortes erblickt, will *G. Meyer*² 132 Anm. 2 diesen Vorgang wiederum nur unter der Voraussetzung itacistischer Aussprache (οι = ου) begreifen. Einfacher und mehr einleuchtend dünkt mir der neueste Vorschlag von *Blafs* (K. Bl. I, 641), wonach ποῖσαι = ποιῆσαι durch Hyphäresis, wie οἶμαι, ᾤμην, erklärt wird. Möglicherweise liegt aber auch eine doppelt vorgestellte Präsensform zu Grunde: ein ποίω neben ποιέω, wie sich neben οι — in οἶομαι ein Stamm οιε — in ᾠησάμην, ᾠήθην, homerisch ὠισάμενος, darstellt. Vgl. ποῖσον Leid. II, 105 (aus dem 2./3. Jahrh. nach Chr.); Beispiele fürs Mittelgriech. gibt *Hatzidakis*, 335 (ποῖσα, ποῖσε etc.)

69) Statt ἀρχηπορεία liest *Blafs* richtig ἀρχὴ πορεία⟨ς⟩, was sich unmittelbar aus Z. 30 (ἀρ..πορείας) ergiebt.

70) Ἧσις ist zweifellos verschrieben aus Ἧ Ἶσις. Vgl. ähnliche Stellen: Leid. D 1, 11 ὁ Σάραπις καὶ ἡ Ἶσις. Par. 30, 12 ὁ Σάραπις καὶ ΘΗΙΣΙ, Vatic. E, 33 Ἧ τε Ἶσις καὶ ὁ Σάραπις; ebenso Mai t. V, p. 358, 31.

71) Hier kann das Wortbild ἔρυμα, ἐρυμνός störend auf den Schreiber eingewirkt haben.

72) In diesem amtlichen Schriftstück kann an eine Verschreibung nicht gedacht werden. Dagegen scheint mir eine Substantivbildung ἡ λοιπύς in späterer Sprache, die z. B. πληθύς gern gebraucht, durchaus nicht ausgeschlossen.

2*

οὐδ' οὐκ ἔφυ (sic) — ὁ δ' οὐκ ἔφη Gr. H.³ 14 c. 6 (3. Jahrh. v. Chr.).⁷³) Über ὑμῶν = ἡμῶν, ὑμᾶς = ἡμᾶς s. unten β.

Übrigens kann η niemals = υ (ü) geklungen haben, und es müfste also, wenn η und υ gleichen Lautwert haben sollen, schon im 3. Jahrh. v. Chr. nicht nur η, sondern auch υ = i gesprochen worden sein, wofür alle Belege fehlen. Eher noch liefse sich daran denken, dafs die Aussprache von υ dem geschlossenen e (für das η manchmal eintritt) näher gekommen ist, nicht aber dafs η sich dem i-Laut schon in dieser Zeit genähert hat. Vgl. in späterer Zeit — freilich nur in unbetonter Silbe — Beispiele wie γλεκετάτω (= γλυκυτάτῳ), σενεδύσει (= συνειδήσει), σεναρεσάσης (= συναρεσάσης).⁷⁴)

β. η erscheint statt υ in
ἡμῶν statt ὑμῶν Leid. H, 11 (a. 99); ἡμῖν statt ὑμῖν ibid. 12, wie umgekehrt ὑμῶν statt ἡμῶν Par. 1, 406 (vor 165) und ὑμᾶς statt ἡμᾶς Par. 47, 9 (a. 153).⁷⁵)

4. Über οι und υ, οι und ι vgl. § 12, d.

§ 7.
O-Laute.
I. o.

1. Schwanken zwischen o und ε.⁷⁶)
   a. o wird ε (durch Lautschwächung)
   α. in tonloser Silbe: Διεμήδης (neben Διομήδης), τοῦ κυρωθέντες, Σοκνεπαίου (neben Σοκνοπαίου), συνπαρόντες Χρυσίππου.⁷⁷)
   β. in betonter Silbe: χέρτου (neben χόρτου).⁷⁸)
   b. ε wird o in: δύω ἄνθρωποι ἐργάζοντος.⁷⁹)

   Nirgends findet sich die alte Form ὀβελός, sondern durchweg ὀβολός; dagegen als Rest einer Zusammensetzung . . .]βέλιον.⁸⁰)

2. Übergang von o in υ
   zeigt die Form διώρυφος = διώροφος (mit zwei Dächern).⁸¹) Über κολυκυντίνου statt κολοκυντίνου vgl. § 9, 3.

3. Über o und α vgl. § 5, 7; über o und οι § 12; über ωι und o § 18, 7.

---

73) ἔφυ ist sicherlich eine Verschreibung wie auch das vorausgehende οὐδ' — ὀδ'.

74) Par. 21ᵇ 7; 8; 20 (p. 592).

75) Dem Wechsel zwischen ἡμεῖς und ὑμεῖς ist wenig Bedeutung beizumessen; derselbe findet sich in den Codices häufig, wo keineswegs immer die itacistische Aussprache schuld ist und hat schliefslich, um die Konfusion zu enden, mit zu den pronominalen Neubildungen ἐμεῖς u. ἐσεῖς geführt. Vgl. Par. 18, 10 μετ' ἐσοῦ (römische Zeit, nach 200 p. Chr.).

76) Mhs. 17. K. Bl. I, 118.

77) Διεμήδης I Fl. P. 13, 2, 4 (a. 237) — aber Διομήδης I Fl. P. 24, 3, 1 (a. 254); 26, 1, 2 u. 7 (a. 225) u. s. w. τοῦ κυρωθέντες R. L. 48, 17 (a. 259/8). Σοκνεπαίου II Fl. P. 28, 1, 20; 3, 6 (3. Jahrh.) — aber Σοκνοπαίου II Fl. P. 28, 9, 8 (3. Jahrh.). συνπαρόντες Χρυσίππου Brit. p. 16, 8 (a. 162).

78) χέρτου II Fl. P. 25, c, 7 (a. 226); χόρτου ibid. 3; 9; 11.

79) δύω ἄνθρωπει ἐργάζοντος Leid. C p. 118, 1, 22 (a. 163).

80) ὀβολός z. B. II Fl. P. 4, 3, 9 (a. 255); 26, 2, 7 (a. 240); 44, 21 u. 25 (nach 246). . . .]βέλιον II Fl. P. 26, 2, 9 (a. 240). Vgl. Joh. Schmidt, K. Z. 32, 322.

81) διώρυφος II Fl. P. 8, 2, 10 u. 12 (a. 246). Mhs. 19.

II. ω.

Der quantitative und qualitative Unterschied der beiden O-Laute wird seit dem Beginn des 2. Jahrh. v. Chr. verwischt, o und ω vielfach vermengt, hauptsächlich in den ungenau geschriebenen Privatbriefen, Concepten, Traumberichten, weniger häufig in öffentlichen Urkunden. Beispiele aus dem 3. Jahrh. fehlen fast ganz.[82])

4. Schwanken zwischen ω und o.
  a. ω wird o
    α. in tonloser Silbe (42 Fälle aus dem 2. Jahrh. v. Chr.).[83])
    β. in betonter Silbe (18 Fälle aus dem 2. Jahrh. v. Chr.).[84])
  b. o wird ω.
    α. in betonter Silbe (28 Fälle aus dem 2. Jahrh. v. Chr.).[85])
    β. in tonloser Silbe (2 Fälle aus dem 3., 40 aus dem 2/1. Jahrh.).[86])

5. Schwanken zwischen ω und ov.
  a. ω wird ov in:
    θυρουρεῖ, θυρουρῶι (neben θυρωρῶι). Möglicherweise liegt hier eine Analogiewirkung

---

82) Vgl. *Mhs.* 19, der in den attischen Inschriften erst seit 100 nach Chr. häufigere Verwechslungen festatellt.

83) *Par.* 1, 47; 515; 521; 524 μεθοκορινάς; 193 τρίγονον; 418 ἀποτέρωι (vor 165). 30, 5 ἀπέδοκα (a. 162). 40, 17 πολῶντος (= καλοῦντος), 20 κολεῖν (a. 156). 45, 4 δίδομει (a. 153). 47, 3 ὁμνύο, 18 ἠξημίοται (a. 153). 51, 28 γίνονται, 31 πρόσωπον [32 πόρσωκον] u. ἔγνον (a. 160). 59, 9 ἀνήλομα (a. 160). 63, 2, 36 ἐνοπίοις; 9, 49 ἀνθροκεί[ων] (a. 165). — *Brit.* p. 23, 23 ἀναγωγῆς; 24 χιρογραφησάτοσαν = p. 26 (a. 161). p. 24, 4 (XXXV) ἐπέδοκα (c. 162). p. 25, 18 ψομόν, κολοῦσι (= p. 26, 16) u. 20 ἀποδέδο[κε] (= p. 26. 19) a. 161. p. 32, 7 διαιτωμένον (gen. pl.), 8 δομάτων (a. 163). p. 38, 2 ἐπετόδοκα (Mifsform = ἐπιδέδωκα) a. 158. p. 40, 73 Θέονος (a. 158). — *Leid.* A 11 ἐξ μαρτύρον (2. Jahrh.) B 3, 3 ὑπὲρ τούτον (a. 164). S 1, 13 ἀνηλομάτων, ὀφονίων; 2, 2; 4; 5; 4, 5 ἀνήλομα (a. 164—60). T 1, 9 κομασίας (a. 164—60). C p. 118 col. 1, 16 εὔφονον; 2, 28 κατεστροννύει (c. 160). A E F. 22, 6 κομογραμματήας (a. 118).

84) *Par.* 1, 93 πρότον (vor 165). 4 ἐκατονβαιών (unbest.). 40, 13 θροιοπόλιον (a. 156). 47, 6 u. 24 πόκοτε; 28 πλανόμενοι (a. 153). 48, 21 ἐκιδόμεν (= ἐκιδῶμεν) a. 153. 51, 29 κόποτε (a. 163), 4, 122 κατὰ τὸν ἀσθενούντων (a. 165). — *Brit.* p. 10, 13 μεταλαβόν (maec.) a. 162. p. 11, 3 ὁ προςεστηκός (a. 162). p. 23, 25 ἐνεστῶτος; 25, 8 = 38, 10 νεότερον (a. 161). p. 38, 26 ὀψόνια; 74 σιτόνιον (a. 158). — *Leid.* U 2, 12 ἐγ δεξιῶν; 4, 17 ἐγδιόξη (2. Jahrh. v. Chr.).

85) *Par.* 1, 322 ὦ ἐστιν (vor 165). 30, 2 Μακεδώνος = 31, 2 (a. 162) = 40, 6 (a. 156). 41, 7 Μεκεδώνος (a. 160). 30, 18 τώπους. 40, 7 ὥντος; 19 ἀποδώσθαι (a. 156). 44 verso ἡγεμώνι (a. 153). 47, 13 βακτιζώμεθα (ind.) a. 153. 51, 42 πρώκειται; 27 χρώσω (a. 160). 53, 8 ὀθώνιον (a. 163). 55ᵇ 40 τῶν λόγον (a. 159). 59, 6 ἡγώρακα (a. 160). 63, 3, 65 ὥπως; 95 ἀνάληπτώς ἐστιν (a. 165). *Brit.* p. 9, 3 Μακεδώνος (a. 162) = p. 26, 2 u. 29 (a. 161). p. 28, 16 ἐδώθη. verso 2 προσετεαχώτων (a. 161); p. 39, 44 Μακεδώνα (a. 158). — *Leid.* C p. 119 col. 2, 28 βοώς (= βοός) c. 160. U 2, 9 μεγαλώδοξον; 4, 9 ὤνομα (Ende des 2. Jahrh.). — *Dresd.* 2 τὼ θεῖον, — A E F 33, 33 μελιχερώον (a. 103/2).

86) Im 3. Jahrh. v. Chr. οἰκωνόμον R. L. 50, 22 (a. 259/8). προσωφείλει II Fl. P. 16, 12. — Im 2. Jahrh. *Par.* 1, 56 = 450 μείζων (neutr.); 211 ἔχων (neutr.); 315 ὠκταετηρίδα: 343 ὠρᾶσι; 346 τὸν κύκλων (vor 165). 30, 25 γίνοιτω (a. 162). 31, 10 δίδωσθαι (a. 163). 40, 8 κατωχῆ; 25 ἀγωράσ[αι] (a. 156). 44, 4 ἀγωράξει; 5 ἔχωντα (a. 153). 50, 21 δύω-ὀμνύωντας; 51, 39 δώω (a. 160). 54, 82 ὠθόνιον = 56, col. 1 (a. 163). 55ᵇ 65 ἀγωράσαι; 32 u. 40 Θεογίτωνι (a. 159). 63, 6, 174 μόνων; 9, 39 ἀσχημωνοῦντα (a. 165). — *Brit.* p. 10, 6 ἔχωντος p. 11, 36 ἔχων (neutr.) a. 162. p. 13, 8 κατὰ χρόνων (a. 162); p. 20, 28 παρεχωμένας (a. 161). p. 39, 12 σημαιωμένωι, 14 δέωμαι (ind.) a. 158. s. 41, 113 Ἀπολλωδώρωι (a. 158). *Leid.* E 14 διαλύωμεν (ind.), 31 ὡμοίως (a. 162) T 1, 3 ὠφίλημα, 24 δύω. C p. 118, 1, 12 ὠψέ, 21 δύω (c. 160). U 1, 9 ἱερωγλύφον; 3, 8 πρωεστῶτος; 3, 21 ἐνκολλακτωμένων (Ende des 2. Jahrs.). *Wilck. Act.* IX, 7 δύω (a. 134). *Gr.* H² 38, 13 δύω (a. 81).

vor von Formen wie οἰκουρός, κηπουρός, neben welcher Form sich auch κηπωρός findet. [87])

ὀροῦσα statt ὁρῶσα ist ein Beispiel für den Übergang der verba contracta auf -άω in die Bildung auf -έω und gehört in die Wortbildungslehre. [88])

b. ov wird ω in:

ὡς = οὖς — falsche Analogie nach ὠτός, ὠτί etc.; ἀξιῶμεν, möglicherweise Übergang von der α- in die o-Klasse; Δημητρίωι Σώσω (statt Σώσου) Κρητεί — vielleicht durch Einwirkung der das Wort umgebenden beiden Dative entstanden. [89])

6. Über ω und ωι vgl. § 18, 2—5.

§ 8.

ι.

1. Über Ausfall und Zutritt des intervokalischen *ι* vgl. § 11, 13—15 u. § 12.

2. Über das Schwanken zwischen *ι* und *η* vgl. § 6, 3; *ι* und *υ* § 9; *ι* und *ει* § 11, 17 ff.; *ι* und *οι* § 12, 7.

3. **Schwanken zwischen *ι* und *ε*.**

a. Der Verbalstamm ἀρχ- lautet im ersten Teil eines zusammengesetzten nomen appellat. vor Konsonanten regelmäfsig ἀρχι-, vor Vokalen ἀρχ-; dagegen wechselt in den mit ἀρχ- zusammengesetzten Eigennamen die (ältere) Form ἀρχε- mit ἀρχι-. [90])

b. In συνοικισίου statt συνοικεσίου (Phryn. 516) und εἰκιτείας statt ἰκετείας hat wohl Assimilation, bei ersterem vielleicht auch Analogie mit ähnlichen Formen gewirkt. Ποσιδωνέων (sic) statt Ποσειδωνίωι ist Schreibfehler, ebenso wohl auch Μέμφε statt Μέμφι. [91])

§ 9.

v (Aussprache û).

a. **Schwanken zwischen *ι* und *v*.** [92])

α. infolge von **Assimilation:**

1. ἥμυσυ ist stehende Schreibart der Papyri des 3. Jahrh. v. Chr.; im 2/1. Jahrh. findet sich ἥμυσυ annähernd ebenso häufig als ἥμισυ; dagegen jederzeit nur ἡμίσους, ἡμίση. Verhältnis von ἥμυσυ : ἥμισυ

87) Θυρουρεῖ Par. 34, 11 (a. 157). Θυρουρῶι Par. 37, 46 (a. 163); von derselben Hand Θυρωρῶι 35, 32. 88) ὀροῦσα Par. 61, 21 (a. 160) [Wilamowitz οὐροῦσα]. 89) ὡς I Fl. P. 20, 2, 15 (a. 225); Gr. H.² 15, 2, 1 (a. 139). ἀξιῶμεν (statt ἀξιοῦμεν) Brit. p. 20, 29 (a. 161). Σώσω (als Gen.) Brit. p. 11, 37 (a. 162). — Z. 48 richtig Σώσου. 90) Mhs. 90f. Nomina appell. ἀρχιτέκτονι II Fl. P. 15, 2, 2 (a. 241) u. oft. ὑπαρχιτέκτονα ibid. 42, a, 6 (c. 250). ἀρχιφυλακίτης ibid. 20, 1, 11 (a. 252); Par. 15, 25 (a. 120); 35, 6 (a. 163). ἀρχισωματοφύλακι Par. 12, 1 = 13, 1 (a. 157). Vor Vokalen: ἀρχ-υπηρετῶν Par. 10, 19 (a. 145), dafür Brit. p. 41, 121 ἀρχειπερέτην (sic) (vgl. § 9, 7); ἀρχιερέως Par. 35, 7 u. 12 (a. 163). ἀρχεταφιαστής Leid. H. 10 u. 22 (a. 99). — Nomina propria: Ἀρχέστρατος II Fl. P. 13, 6, 1 (a. 258—53); I Fl. P. 16, 1, 5 (a. 230). Ἀρχελαίδος II Fl. P. 28, 6, 1; 10, 6 (3. Jahr.). Ἀρχεβίου AEF f, 9 u. 14 — aber Z. 1 Ἀρχιβίου (a. 239). Ἀρχίδημος II Fl. P. 26, 3 (3. Jahrh. v. Chr.). 91) συνοικισίου Par. 13, 10 (a. 157). εἰκιτείας Par. 27, 22 (c. 160). Ποσιδωνέων Par. 41, 1 (a. 158). πρὸς Μέμφε Par. 22, 3 (a. 165). 92) Bl. A.³ 40. K. Bl. I, 70 u. 176. G. Meyer³ 153.

im 3. Jahrh. = 6 : 0
im 2. Jahrh. = 22 : 20.[93])

2. Das zufällig sehr häufige (über 50 mal vorkommende) Wort $\delta i \delta \nu \mu \alpha \iota$, $\delta \iota \delta \dot{\nu} \mu \omega \nu$ hat wiederholt (5) in beiden Silben v, 2 mal lautet es umgekehrt $\delta \nu \delta i \mu \eta$.[94])

3. $\kappa o \lambda o \kappa \dot{\nu} \nu \tau \iota \nu o \varsigma$ erscheint im Revenuepapyrus (a. 259) in verschiedenen orthographischen Umwandlungen sowohl vokalischer als konsonantischer Art.[95])

4. $M \iota \tau \upsilon \lambda \eta \nu [\alpha \dot{\iota} \omega \iota]$ bietet schon ein Papyrus des 3. Jahrh. v. Chr., während attische Inschriften diese Schreibung an Stelle des älteren $M \nu \tau \iota \lambda \dot{\eta} \nu \eta$ erst in der Kaiserzeit aufweisen.[96])

5. $\beta \upsilon \beta \lambda \dot{\iota} \alpha$ und $\beta \dot{\upsilon} \beta \lambda o \varsigma$ ist schon die Schreibweise des 3. vorchristl. Jahrhunderts. Demnach ist nicht die Beeinflussung der umgebenden Konsonanten ($\beta = $ w) der Grund der Umwandlung des ι in υ, wie *Meisterhans* meint, der die ersten Beispiele aus dem 1. Jahrh. v. Chr. anführt.[97])

6. Statt $\Phi \rho \alpha \sigma \upsilon \sigma \vartheta \dot{\epsilon} \nu \eta \iota$ liest *Witkowski* wohl mit Recht $\Phi \rho \alpha \sigma \iota \sigma \vartheta \dot{\epsilon} \nu \eta \iota$. $\mu \alpha \rho \sigma \epsilon \dot{\iota} \pi \epsilon \iota o \nu = \mu \alpha \rho \sigma \dot{\iota} \pi \iota o \nu$ scheint eine Nebenform zu $\mu \alpha \rho \sigma \dot{\upsilon} \pi \iota o \nu$ zu sein.[98])

β. v **wird** ι infolge von **Tonlosigkeit** der Silbe in

7. $\varphi \iota \lambda \alpha \kappa \epsilon \dot{\iota} \tau o \upsilon = \varphi \upsilon \lambda \alpha \kappa \dot{\iota} \tau o \upsilon$; $\dot{\alpha} \rho \chi \epsilon \iota \pi \epsilon \rho \dot{\epsilon} \tau \eta \nu$ (zu lesen $\dot{\alpha} \rho \chi \iota \pi \epsilon \rho \dot{\epsilon} \tau \eta \nu$) ist vielleicht mifsverständliche Form, als deren erster Bestandteil $\dot{\alpha} \rho \chi \epsilon \iota = \dot{\alpha} \rho \chi \iota$- empfunden wurde.[99])

b. Über das **Schwanken zwischen** v **und** η vgl. § 6, 3; über v und o § 7, 2; v und $o \iota$ § 12, 5 und 6; v und $o \upsilon$ § 15, 4 und 5.

---

93) $\ddot{\eta} \mu \upsilon \sigma \upsilon$ im 3. Jahrh.: I Fl. P. 16, 2, 9 (a. 230); 30 (p. 80, 5). II Fl. P. 5, c (c. 250); 10, 1, 21 (vor 240); 11, 1, 5; 23, 1, 8 (unbest.). Im 2. Jahrh.: Par. 1, 96; 103; 108; 235; 236; 237; 242; 243; 245; 294; 321 (vor 165). 5, 1, 9 (a. 114). 58, 5 u. 10 (c. 160). Brit. p. 22, 6; 8; 11. p. 24 b, 6. p. 25, 15 u. 17. p. 26, 12 u. 15 (alle c. 160). — $\ddot{\eta} \mu \iota \sigma \upsilon$ im 2/1. Jahrh. Par. 7, 7 (a. 99). 22, 18 (a. 165). AEF 27, 2, 10 (a. 109). Brit. p. 46, 16 u. 24 (a. 146—135). Leid. M. 1, 23 (a. 114). P. 13 (2 mal); 14; 15; 16; 17 (3 mal); 20; 21. Taur. I, 5, 9 u. 13 (a. 117). Dresd. II verso (2 mal) a. 162. — $\dot{\eta} \mu i \sigma \sigma \upsilon \varsigma$: Zoisp. II, 10 (a. 138). Taur. I, 6, 18 (a. 117). Brit. p. 46, 7; 9; 19; 21 (a. 146—135). Gr. H.[2] 23, 2, 7 (a. 107). — $\dot{\eta} \mu i \sigma \eta$: Brit. p. 10, 21 (a. 162).

94) $\delta \nu \delta \dot{\upsilon} \mu \omega \nu$ Par. 53, 2 (a. 163/2); 54, 1 (a. 163), ebenda 33 u. 55. $\delta \nu \delta \dot{\upsilon} \mu \alpha \iota \varsigma$ Par. 57b, 12 (c. 160). — $\delta \nu \delta i \mu \eta$ Leid. C. p. 118 col. 2, 11 u. col. 1, 3 (c. 160). Sonst $\delta i \delta \nu \mu \alpha \iota$ Par. 22, 2 (a. 165). $\delta i \delta \nu \mu o \iota$ (sic) Par. 5, 10 (a. 114). $\delta \iota \delta \dot{\upsilon} \mu \omega \nu$ Par. 50, 14 (a. 160). 53, 24 u. 44 (a. 160). Brit. p. 7, 3 (a. 164/3); p. 8, 4 (a. 162). $\delta \iota \delta \dot{\upsilon} \mu \alpha \varsigma$ Par. 51, 14 u. 9 (a. 160) u. s. w.

95) $\kappa o \lambda o \kappa \dot{\upsilon} \nu \tau \iota \nu o \nu$ 55, 6; 9. 57, 18; 58, 2. $\kappa o \lambda o \kappa \upsilon \tau i \langle \kappa \dot{o} \rangle o \upsilon$ 53, 22. $\kappa o \lambda \upsilon \kappa \upsilon \nu \tau i \nu o \upsilon$ 40, 10. $\kappa o \lambda [o \kappa \dot{\upsilon}] \nu$-$\vartheta \iota \nu o \nu$ 59, 21. $\kappa o \lambda \upsilon \kappa \iota \nu \vartheta \dot{\iota} \nu o \upsilon$ 39, 6.

96) $M \iota \tau \upsilon \lambda \eta \nu [\alpha \dot{\iota} \omega \iota]$ II Fl. P. 39, a, 1 (3. Jahrh.). *Mhs.* 23.

97) $\beta \upsilon \beta \lambda \dot{\iota} \alpha$ II Fl. P. 10, 2, 9 (vor 240). $\beta \dot{\upsilon} \beta \lambda o \nu$ II Fl. P. 49, b, 12 (3. Jahrh.). Auch bei Polybius ist $\beta \dot{\upsilon} \beta \lambda o \varsigma$ die gewöhnliche Form. *Hultsch*, Polyb. I[2] p. XXXII. *K. Bl.* I, 70. $\beta \dot{\upsilon} \beta \lambda o \varsigma$ war ägyptisches Fremdwort im Griechischen. *Mhs.* 22, 4.

98) $\Phi \rho \alpha \sigma \upsilon \sigma \vartheta \dot{\epsilon} \nu \eta \iota$ II Fl. P. 14, 2, 6 (3. Jahrh.). $\mu \alpha \rho \sigma \epsilon \dot{\iota} \pi \epsilon \iota o \nu$ in dem ganz unorthographisch geschriebenen Traumbericht Leid. C. p. 118, 2, 13 (c. 160).

99) $\varphi \iota \lambda \alpha \kappa \epsilon \dot{\iota} \tau o \upsilon$ AEF 38, 3 (2/1. Jahrh.). $\dot{\alpha} \rho \chi \epsilon \iota \pi \epsilon \rho \dot{\epsilon} \tau \eta \nu$ Brit. p. 41, 121 (a. 158).

B. Vokalverbindungen.

§ 10.

αι.

a. **Übergang von αι in a.**[100])

1. αἰεί — ἀεί. In den Urkunden findet sich nur ἀεί. Das altertümliche αἰεί ist, neben ἀεί, gebraucht in den Phädofragmenten.[101])

2. ἀετός (Adler) begegnet einmal im Eudoxuspapyrus.[102])

3. Die attischen Formen κάω, κλάω kommen neben den hellenistischen καίω, κλαίω vor.[103])

4. Die seltsame Form ἔλαν statt ἔλαιον ist nur erklärlich aus der Mittelstufe ἔλαον, wobei das o durch Contraktion (oder Synkope?) ausfällt. Vgl. Σαραπιῆν, ἐγμαγῆν = Σαραπιεῖον, ἐγμαγεῖον.[104])

5. Der saloppe Schreiber des Leid. U schreibt mit Konsequenz Ἀγύπτω, Ἄγυππτον (sic), Ἀγυπτιστεί mit unterdrücktem ι, was wohl ebenfalls auf die spirantische Aussprache des γ (oder auf egyptische Aussprache? Hat-ka-Pta nach Brugsch) zurückzuführen ist.[105])

6. εὐφράνεσθαι = εὐφραίνεσθαι ist nicht phonetisch, sondern morphologisch zu erklären als Analogiewirkung zwischen der Bildung auf -αίνω und -άνω.[106])

b. **Übergang von αι in den Laut ῃ.**[107])
Die Beispiele sind noch verschwindend selten und beschränken sich meist auf sehr inkorrekte Schriftstücke des 2. Jahrh. v. Chr.; also war die diphthongische Aussprache noch Regel.

7. αι wird ε in:
ὁρᾶτε = ὁρᾶται; μεσόγεον entspricht der Vulgärform μεσόγαιον (vgl. unten 10).[108])

8. ε wird αι in:
ἔρρωσθαι = ἔρρωσθε; εἰδῆται = εἰδῆτε; Μαικεδόνος = Μεκεδόνος.[109])

9. αι wird η [ηι] in:

---

100) Bl. A². 64. K. Bl. I, 133 u. 136. Mhs. 24 f.

101) ἀεί II Fl. P. 2, 1, 15; 3, 11, 4 (a. 260). I Fl. P. 22, 2, 9 (a. 257). Par. 63, 11, 1 (a. 164); 1, 146 (vor 165). ἀέναον Brit. p. 38, 33 (a. 158). ἀειξώων (sic) Leid. G 11 (a. 99) u. s. w. — αἰεί I Fl. P. 6, 3, 1; 8, 4, 3; aber ἀεί B. 21; 4, 17; 7, 4, 4 (c. 300 v. Chr. Phädo). Vgl. Cauer, Curt. Stud. VIII, 270 ff.

102) ἀετοῦ Par. 1, 1 (vor 165).

103) κάομαι AEF 1, 1, 13 — aber 9 καιόμενον (nach 173). κλαούσας (nicht καλούσας!) Par. 34, 7 (a. 157). κλάγω (nicht κλαίγω, wie man noch immer bei G. Meyer² 294 liest) ist offenbar = κλᾳω, indem das γ als Ersatz für spirantisch gewordenes ι [vor o-Laut bisher unerhört!] steht: Par. 51, 16 (a. 160). [καίομαι Par. 51, 37 hat Witkowski, wohl richtig, in das allerdings barbarische καὶ ὅμην — ὤμην verbessert.]

104) Ἔλαν Par. 31, 11 (a. 163). — Ἔλαιον z. B. II Fl. P. 25, a, 11 (a. 226). Leid. B. 2, 17 (a. 164) und sehr oft. Über Σαραπιῆν ἐγμαγῆν wird gehandelt § 11, 10 u. 24, 8. Vgl. Bl. A.² 64. K. Bl. I, 400.

105) Ἀγύπτω Leid. U 2, 11. Ἄγυππτον 4, 2. Ἀγυπτιστεί 2, 7 u. 15 (2. Jahrh.).

106) εὐφράνεσθαι Par. 51, 40 (a. 160). Vgl. Schm. Att. IV, 704 f. Hatzidakis 412.

107) Bl. A². G. Meyer² 177 f.

108) ὁρᾶτε Par. 1, 386 (vor 165). μεσόγεον Leid. U 3, 14 (2. Jahrh.).

109) ἔρρωσθαι Par. 43, 1. εἰδῆται 43, 4 (a. 154). Μαικεδόνος Brit. p. 24 (XXXV) 2 (a. 161). Vgl. § 5, 2.

σεληνειήοις = σεληνιαίοις; στατηρειήους = στατηριαίους — in einem der inkorrektesten Stücke; γραφήνηι einmal für γραφῆναι.[110])

10. αι wechselt mit ει. Im Lachespapyrus liest man Πλατει[ᾶσι], wo die Texte ἐν Πλαταιαῖς haben. ἐπίγεια neben dem gewöhnlichen ἔγγαια (s. oben μεσόγεον); μηνιείοις (einmal geschrieben μηνιήαν) neben μηνιαῖοι; μνἀιεῖα statt μναιαῖα sind nicht lautlich zu erklären, sondern gleichberechtigte Nebenformen.[111])

§ 11.

ει.[112])

1. Der Ausgleich zwischen dem unechten und echten ει war schon lange vor der Ptolemäerperiode abgeschlossen und spielt in den Papyri keine Rolle mehr. Stünde die Inf.-Form ἐλλείπεν oder ἔχεν (= εἶχεν) in einer attischen Inschrift des 6.—4. Jahrhunderts, so wäre dies ein Beweis für monophthongische Aussprache des unechten ει; so aber kann man darin nur ein Versehen des Schreibers erblicken. Auch im Lachespapyrus kann in der Form ἱππεῖς (acc., in den Platotexten ἱππέας) nicht literarische Tradition gesehen werden. Platon schrieb doch im neuionischen Alphabet, welches jedes ē mit H wiedergiebt.[113])

2. Ein Beweis für diphthongische Aussprache des ει[114]) ist aus den ptolemäischen Papyri nicht zu erbringen; wohl aber sprechen für Monophthongismus[115]) schwerwiegende orthographische Gründe.

I. Der Übergang von ηι in ει, der in attischen Inschriften seit 306 v. Chr. überwiegt und von 250—160 Regel wird, kommt zwar auch in den Papyri vor, tritt aber in der alexandrinischen κοινή auffallend zurück.[116])

II. Um so häufiger erscheint η statt ει;

III. ebenso nicht selten ε statt ει;

IV. am allerhäufigsten endlich tauschen (schon im 3. Jahrh. v. Chr.) ει und ι ihre Stelle.

3. Was aber die Qualität des durch ει ausgedrückten Lautes betrifft, so bezeichnet es jedenfalls das geschlossene, dem i verwandte ē. Dies beweist:

---

110) σεληνειήοις Leid. C p. 118, 1, 15; στατηρειήους ibid. 2, 12 (c. 160). γραφήνηι Brit. p. 38, 21 (a. 158). — αἱρ[ε]σθε [nach Grenfell for ἔρεσθε?] hat Witkowski in αἱρ[ει]σθε verbessert: AEF 30, 8 (a. 103); ebenso διηρηθέντων Leid. U 4, 7 Wilamowits in δὲ ῥηθέντων. — 111) Πλατει[ᾶσι] II Fl. P. 50, 3, 27 (c. 300). ἐπίγεια II Fl. P. 8, 2c, 10 (a. 246). ἔγγαια Taur. I, 5, 37 (a. 117); ἐγγαίου ibid. I, 8, 26. ἐγγαίοις Zoisp. I, 25 (a. 140). Vgl. Phryn. 297 ff. Schm. Att. IV, 365. — μηνιείοις Par. 62, 8, 11 (c. 170). μηνιήαν Par. 1, 348 (vor 165). μηνιαῖοι Notices et extr. p. 420. μναιεῖα Par. 10, 10 (a. 145). Vgl. K. Bl. II, 293. Bl. A.³ 59. 112) Bl. A.³ 29 ff. G. Meyer³ 125 ff. 113) ἐλλείπεν Par. 1, 70. ἔχεν ibid. 263 (vor 165). — ἱππεῖς II Fl. P. 50, 4, 3 (c. 300). Zum Accus. auf -εις vgl. Mhs 110, 8: „seit 307 dringt die Form auf -εις durch". Z. B. ἱππεῖς II Fl. P. 37, 1a Recto 4 (3. Jahrh.); AEF 42, 13 u. 16 (2. Jahrh.). γονεῖς Par. 15, 34 (a. 120); Taur. I, 9, 16 (a. 117). γραμματεῖς Brit. p. 17, 15 u. 18; 19, 17 (a. 161) u. s. w. Nur im Artem. Pap. 5 γονέας (3. Jahrh.). 114) Dietrich K. Z. XIV, 65 ff. Bl. A.³ 29 ff. Mhs 28, Note 170. 115) Brugmann Curt. Stud. IV, 82 f. u. Hdb. kl. A. II, 34. G. Meyer 125 ff. 180 ff. 116) Hecht II, 14 ff. Mhs 28. Man darf wohl im Beibehalten des η (das später zu η verstümmelt wird) die Folge einer archaisierenden Orthographie (alexandrinischer Grammatiker?) erblicken, die dem Lautbestand der gesprochenen Sprache keine Rechnung trägt. Dieselbe Zähigkeit im Festhalten des ηι zeigt auch die pergamenische Kanzlei (Schweizer 60).

3

I. Der häufige Wechsel mit η, das in dieser Zeit auf der Linie $\bar{e}$ zu i bei der Mittelstufe $\bar{e}$ angelangt zu sein scheint, wie man denn auch oft η an der Stelle von ε liest (vgl. § 6, 2);

II. die Vertauschung mit ε;

III. die zunehmende Verwechslung von ι und $\varepsilon\iota$, da der ursprüngliche Doppellaut e-i nur durch $\bar{e}$ zum i werden konnte. [117])

I. Wechsel zwischen $\eta\iota$ und $\varepsilon\iota$. [118])

a) $\eta\iota$ wird $\varepsilon\iota$.

Im Inlaut:

4. Bei Wörtern wie $\varkappa\lambda\varepsilon\acute{\iota}\varsigma$, $\lambda\varepsilon\acute{\iota}\alpha$, $\lambda\varepsilon\iota\tau\upsilon\varrho\gamma\acute{\iota}\alpha$, $\lambda\varepsilon\iota\tau\upsilon\varrho\gamma\varepsilon\tilde{\iota}\nu$, $\lambda\varepsilon\iota\tau\upsilon\varrho\gamma\iota\varkappa\acute{o}\varsigma$, ist die neue Schreibweise konsequent durchgeführt; die alte hat sich nur erhalten in $\lambda\eta\iota\sigma\tau\acute{\eta}\varsigma$, das höchstens mit $\lambda\eta\sigma\tau\acute{\eta}\varsigma$, aber nicht mehr mit $\lambda\varepsilon\iota\sigma\tau\acute{\eta}\varsigma$ vertauscht werden kann. [119])

Im Aus- und Anlaut:

5. Der Übergang von $\eta\iota$ in $\varepsilon\iota$ beschränkt sich auf das $\eta\iota$ in Verbalendungen, im augmentierten Anlaut und in den Dativen der a-Deklination: er ist verhältnismäfsig am häufigsten in literarischen Texten des 3. Jahrh. v. Chr., die also der Orthographie der gleichzeitigen attischen Inschriften (und wohl auch Handschriften) folgen; seltener in Urkunden des 3. und 2. Jahrh.; im 1. hört er ganz auf. S. Note 116.

Verhältnis von $\eta\iota : \varepsilon\iota$ im 3. Jahrh. (nach II Fl. P. mit Ausschlufs der literarischen Texte) = 30 : 1. Im grofsen Rev. Pap. (a. 259) kein einziges Beispiel für $\varepsilon\iota$.

$\eta\iota : \varepsilon\iota$ in den Urkunden des 2. Jahrh. (nach Par., AEF., Brit., Leid., Taur.) = 20 : 1. [120])

6. Im Dativ der Eigennamen auf $\eta\varsigma$ ist es unmöglich, zu entscheiden, inwieweit orthographische Schwankungen oder Systemzwang der Flexion mitspielen; denn es begegnen von Namen auf

---

117) Ich freue mich, dafs meine Resultate im wesentlichen übereinstimmen mit dem, was *E. Schweizer* in seiner soeben erschienenen „Grammatik der pergamen. Inschriften" p. 51 ff. über den Lautwert des $\varepsilon\iota$ bemerkt.

118) *Mhs* 28.

119) $\varkappa\lambda\varepsilon\tilde{\iota}\nu$ I Fl. P. 13, 2, 7 (a. 237). $\varkappa\alpha\tau\alpha\varkappa\lambda\varepsilon\iota\sigma\acute{\iota}\nu$, $\varkappa\alpha\tau\alpha\varkappa\lambda\varepsilon\iota\delta\alpha\varsigma$ II Fl. P. 13, 18a, 4 u. 11 (a. 255—50). $\varkappa\lambda\varepsilon\iota\delta\tilde{\omega}\nu$ ibid. 39 d 16 (3. Jahrh.). $\lambda\varepsilon\acute{\iota}\alpha\varsigma$ R. L. frgm. 1 d 1 (a. 259/8); II Fl. P. Einleit. p. 36, a, 4; 37, d, 3 (3. Jahrh.) $\lambda\varepsilon\iota\tau\upsilon\varrho\gamma o\tilde{\iota}\varsigma$ II Fl. P. 14, 3, 4 (3. Jahrh.). $\lambda\varepsilon\iota\tau\upsilon\varrho\gamma o\tilde{\upsilon}\sigma\alpha\iota$ Par. 22, 2 (a. 165). $\lambda\varepsilon\iota\tau\upsilon\varrho\gamma\iota\varkappa\acute{o}\nu$ II Fl. P. 39 in sechs Fällen (3. Jahrh.). $\lambda\varepsilon\iota\tau\upsilon\varrho\gamma\acute{\iota}\alpha\varsigma$ Leid. G, 21; H, 19; J, 23 (a. 99). Weitere Stellen bei *Deifsmann* I p. 137 ff. — $\lambda\eta\iota\sigma\tau[\acute{\eta}\varsigma]$ I Fl. P. 9, 1, 15 (c. 250). $\lambda\eta\iota\sigma\tau\acute{\alpha}\varsigma$ II Fl. P. 49 e II 3 (c. 300). $\lambda\eta\sigma\tau\acute{\alpha}\varsigma$ Par. 12, 10 (a. 157). $\lambda\eta\sigma\tau\tilde{\omega}\nu$ ibid. 46, 7 (a. 153).

120) $\eta\iota$ wird $\varepsilon\iota$ im 3. Jahrh.

a. literar. Texte. Verbalformen: $\ddot{\alpha}\nu$ $\vartheta\varepsilon\grave{o}\varsigma$ $\vartheta\acute{\varepsilon}\lambda\varepsilon\iota$ I Fl. P. 6, 2, 7 (Phädotexte $\dot{\varepsilon}\vartheta\acute{\varepsilon}\lambda\eta\iota$). $\zeta\varepsilon\iota$ — $\zeta\tilde{\eta}\iota$ ibid. 7, 4, 8. $\tau\varepsilon\lambda\varepsilon\upsilon\tau\acute{\eta}\sigma\varepsilon\iota$ (= $\eta\iota$) ibid. 7, 4, 9. $\nu o\acute{\eta}\sigma\varepsilon\iota$ (= $\eta\iota$) ibid. 8, 2, 6. $\lambda\upsilon\pi\eta\vartheta\varepsilon\acute{\iota}$ $\mathring{\eta}$ $\varphi o\beta\eta\vartheta\varepsilon\acute{\iota}$ — $\mathring{\eta}\sigma\vartheta\tilde{\eta}\iota$ $\mathring{\eta}$ $\lambda\upsilon\pi\eta\vartheta\varepsilon\acute{\iota}$ ... $\dot{\varepsilon}\pi\iota\vartheta\upsilon\mu\acute{\eta}\sigma\eta\iota$ ibid. 8, 2, 18. Dative: $\dot{\alpha}\pi\eta\lambda\lambda\alpha\gamma\mu\acute{\varepsilon}\nu\varepsilon\iota$ ibid. 6, 3, 13. $\tau\alpha\acute{\upsilon}\tau\varepsilon\iota$ ibid. 8, 2, 12.

b. Urkunden. $\varphi\alpha\acute{\iota}\nu\varepsilon\iota$ (= $\eta\iota$) indic. II Fl. P. 13, 5, 2 (a. 255) $\dot{\alpha}\nu\tau\iota\lambda\alpha\mu\beta\acute{\alpha}\nu\eta\iota$ ibid. 3, b, 7 (a. 255). $\ddot{o}\pi\omega\varsigma$ $\dot{\upsilon}\gamma\iota\alpha\acute{\iota}\nu\varepsilon\iota\varsigma$ $\varkappa\alpha\grave{\iota}$ $\pi\varrho\grave{o}\varsigma$ $\dot{\eta}\mu\tilde{\alpha}\varsigma$ $\ddot{\varepsilon}\lambda\vartheta\eta\iota\varsigma$ (3. Jahrh.). $\dot{\alpha}\varphi\varepsilon\iota\varrho\eta\mu\acute{\varepsilon}\nu\omega\nu$ (= $\dot{\alpha}\varphi\eta\varrho$.) II Fl. P. 8, 1 B, 9 u. 8, 3, 3 (a. 259 u. 267). $\varkappa\alpha\vartheta\varepsilon\iota\varrho\eta\varkappa\acute{o}\tau\alpha\varsigma$ II Fl. P. 12, 1, 11 (a. 241).

Im 2. Jahrh. Verbalformen: $\pi\varrho o\sigma\varkappa\alpha\vartheta\varepsilon\tilde{\iota}$ (= $\vartheta\tilde{\eta}\iota$) — $\ddot{\varepsilon}\sigma\varepsilon\iota$ AEF 1, 1, 19 (nach 173). $\varepsilon\tilde{\iota}\nu\alpha$ $\delta\iota\alpha\varkappa o\nu\varepsilon\tilde{\iota}$ Par. 23, 23 (a. 165). $\ddot{\varepsilon}\sigma\varepsilon\iota$ Par. 42, 13 (a. 156). $\varkappa\alpha\tau\alpha\delta\varepsilon\iota\varrho\eta\mu\acute{\varepsilon}\nu o\nu$ -oς Par. 1, 362 u. 391 (vor 165). $\varkappa\alpha\vartheta\varepsilon\iota\varrho\eta\mu\acute{\varepsilon}\nu\eta\varsigma$ ibid. 5, 1, 9 (a. 114) — Leid. M I, 15. $\varkappa\alpha\vartheta\varepsilon\iota\varrho\eta\mu\acute{\varepsilon}\nu\alpha$ Par. 15, 18 (a. 120); Taur. I, 2, 1; II, 27 (a. 120). Dative $\tau\tilde{\omega}\iota$ $\dot{\varepsilon}\pi\iota\sigma\tau\acute{\alpha}\tau\varepsilon\iota$ Par. 15, 8 (a. 120); 45 verso 2 (a. 153); Leid. H 1 (a. 99); Taur. VIII, 1 (a. 120). Gr. H² 37, 1 (c. 100) $\tau\tilde{\omega}\iota$ $\dot{\varepsilon}\pi\iota\mu\varepsilon\lambda\eta\tau\varepsilon\iota$ Par. 22, 31; 23, 23 (a. 165); 30, 22 (a. 162). Leid. E 11; D I, 18. [$\dot{\varepsilon}\xi\varepsilon\iota\varrho\tilde{\iota}\sigma\vartheta\alpha\iota$ Par. 64, 28 (a. 164) unsicher, weil der Zusammenhang zerstört ist; möglicherweise v. $\dot{\varepsilon}\varkappa\lambda\acute{\varepsilon}\gamma\omega$?.]

-δης, die den Genetiv konsequent und richtig auf -ον bilden, gleichzeitig sowohl Formen wie 'Ηρακλείδηι, Μεννίδηι, Διοσκουρίδηι, als auch — und zwar weit häufiger — 'Ηρακλείδει, Μεννίδει, Διοσκουρίδει, 'Ασκληπιάδει; und umgekehrt bilden Namen auf -γένης, -μένης, -μήδης, -σθένης neben dem regelmäßigen Dativ auf -ει auch Formen auf -ηι. Hier hat die Formenlehre nach historischen und morphologischen Gesichtspunkten zu scheiden; für die Lautlehre ist dabei nichts zu gewinnen.[121])

b. ει wird ηι in seltenen Fällen:

7. Einmal χείληι == χείλει; Σαράπηι == Σαράπει.[122])

8. Über ηι statt αι vgl. § 10, 9.

II. Wechsel zwischen ει und η.

a. ει wird η, weil lautverwandt. Entweder ist nach Ausfall eines intervokalischen ι das η für ε eingetreten, oder — was weit wahrscheinlicher ist, da die Erscheinung (wenngleich seltener) auch vor Konsonanten vorkommt — das η direkt aus dem monophthongischen ει hervorgegangen. Der Beginn des Prozesses reicht der Zeit nach bedeutend weiter hinauf als man bisher angenommen hat.[123])

9. Schon im 3. Jahrh. v. Chr. finden sich vereinzelte Fälle: vor einem Vokal τὴν φυτήαν (== φυτείαν), vor einem Konsonanten χαίρην (== χαίρειν).[124])

10. Zahlreicher werden die Beispiele im 2. und 1. Jahrh. v. Chr., seltener im Auslaut wie ἤ == εἰ (das gelegentlich darüber geschrieben ist), Διοσκουρίδη, Διογένη[125]), gewöhnlich im Inlaut und zwar überwiegend vor Vokalen:

Vor α: in 'Αλεξανδρήα, ἐγμαγῆα (== ἐκμαγεῖα, Servietten), ἐπιτήδηα(ι), κομογραμματήας (== κωμογρ.), λειτουργήα, μηνιήαν, παιδήαι, πληάδα, πληάδος, πραγματήαις, σπονδῆα, τοπογραμματήας, χήνηα.[126])

Vor ο, ου, ω in: 'Αρήου, 'Αρήω, 'Ασταρδιδῆ(ν)ον (=='Ασταρτιδεῖον), βαφήω (βαφεῖον Fär-

---

121) 'Ηρακλείδηι Π Fl. P. 20, 1, 18 und 14 (a. 252); 39, a, 1 (3. Jahrh.). Μεννίδηι Brit. p. 19, 15 (a. 161). Διοσκουρίδη(ι) ibid. p. 41, 111 (a. 158). — 'Ηρακλείδει II Fl. P. Memoir. p. 29 == Append. p. 3, col. 4, 2 (3. Jahrh.); Par. 15, 27 (a. 120); Taur. VIII, 1 (a. 119). Μεννίδει Par. 33, 11 (a. 162). Διοσκουρίδει Brit. p. 41, 112 (a. 158). 'Ασκληπιάδει Zoisp. II, 2 (a. 138); Gr. H² 14, 1 (3. Jahrh.),; II Fl. P. 25, i, 13 (a. 226). Διογένει II Fl. P. 14, 3 (3. Jahrh.); 37, 1 b, Recto 4 (3. Jahrh.). 'Ερμογένει Par. 15, 24 (a. 120). 'Επιμένει Brit. p. 42, 128 u. 139 (a. 158). Αυκομέδηι (== μήδηι) II Fl. P. 8, 1 B, 8 (a. 259). Φρασνσθένηι ibid. 14, 2, 6 (3. Jahrh.). Vgl. Mhs 93 u. 105.

122) χείληι Gr. H² 23, II, 6 (a. 107). Σαράπηι Leid. C. p. 93 col. 4, 6 (a. 164—160).

123) Bl. A³ 59. G. Meyer³ 132. Mhs 37 findet die ersten Beispiele im 1. Jahrh. vor Chr. u. zwar nur vor folgendem Vokal.

124) τὴν φυτήαν II Fl. P. 32, 2a, 5 (3. Jahrh.) χαίρην (kein Dorismus!) ibid. 13, 13, 1 (a. 258—253).

125) ἤ Par. 44, 5; 45, 5 (a. 153). ἤ⁽ᵉⁱ⁾ Par. 64, 37 (a. 164). Διοσκουρίδη Brit. p. 41, 111 (a. 158). Διογένη Wilck. Act. IX, 3 (a. 134).

126) 'Αλεξανδρήα Par. 51, 30 (a. 160). ἐγμαγῆα Par. 52, 7; 54, 10; 21; 40; 73; 76; 80; 82 (c. 160). ἐπιτήδηα(ι) (sic) (Wilcken) Brit. p. 38, 16 (a. 158). κομογραμματήας AEF 22, 6 (a. 118). λειτουργήα AEF 35, 2 (a. 99). μηνιήαν Par. 1, 348 [ibid. 62, col. 8, 11 μηνιίοις]. παιδήαι Par. 63, 8, 18 (a. 165). πληάδα, πληάδος Par. 1, 511 u. 512 [203 πλειάδων]. πραγματήαις Par. 63, 1, 25 (a. 165). σπονδῆα Brit. p. 27, 5 (a. 161). τοπογραμματήας AEF 22, 3 (a. 118). χήνηα Par. 54, 14 (a. 163).

berei), *δάνηον, διδασκαλλῆον, Ἡρακληούπολειν, ϑῆον* (= *ϑεῖον*), *οἰκηότητα, οἰκήου, πλήοσιν,
πλήω, Σαρακιγῆωι* (= *Σαραπιείωι*).[127])

Anmerkung. Aus solchen Formen erklären sich auch die lateinischen Transscriptionen Aeneas,
Dareus, Medea etc.

Doch auch vor einem Konsonanten, wie *ποίσης* = *ποιήσεις, ἀποκλήσαντες* (= *ἀποκλείσαντες*),
ἐγμαγῆν (durch Kontraktion entstanden aus *ἐγμαγῆον*), *Σαρακιῆν*. In dem sonderbaren
Worte *πολημιεῖον* schwankt der Schreiber zwischen *η* und *ει* und setzt 2mal das *ει*
über *η*.[128])

b. Viel seltener wird *η* zu *ει*.

11. Im 3. Jahrh.: *Λυκομείδηι* = *Λυκομήδηι*;
im 2. Jahrh.: [*Ασκ*]*λειπιείου, ἀπει*[*λιώτου*]. Hieher gehört auch *ἀγείοχα*, aus *ἀγήοχα*, das
wiederum aus dem gleichfalls in einem Papyrus erhaltenen *ἀγήγοχα* hervorgegangen ist.
Der ägypt. Monat *Μεσορή* (ich zähle über 50 Fälle) wird sowohl im 3. als im 2. Jahrh.
einigemal (6) *Μεσορεί* geschrieben.[129])

12. Dagegen ist die in den Papyri seit der Mitte des 3. Jahrh. v. Chr. nachweisbare Perfektform
τέϑεικα von *τίϑημι* (statt des altattischen *τέϑηκα*) nicht auf lautlichem Wege entstanden,
sondern vom Aorist aus durch Analogie mit *εἶκα* hervorgerufen. *ἧκα* : *εἷκα* = *ἔϑηκα* : *τέϑεικα*.
Ebenso scheint die nach den Bildungsgesetzen zu erwartende mediale Perfektform *τέϑεμαι*,
für die alle Belege fehlen, nach *εἶμαι* umgeformt zu sein und lautet auch in den Papyri
τέϑειμαι. Als perf. pass. gilt zu allen Zeiten *κεῖμαι*.[130])

III. Wechsel zwischen ει und ε.

a. Übergang von ει in ε.[131])

13. Der schon in der attischen Periode häufige Eintritt von *ε* für *ει* ist auch in den Papyri
des 3.—1. Jahrh. v. Chr. vielfach zu belegen. Entweder ist hier das *ι* spirantisch geworden

127) *Ἀρήου* Brit. p. 14, 4 — 16, 9 = 18, 16 (a. 162). *Ἀρήω* Par. 54, 18 (a. 163) [*Ἄρειος ΑΕΓ* 18, 30ª,
132; 20, 22 (a. 127)]. *Ἀσταρφιδῆ*(*ν*)*ον* Par. 41, 11 (a. 160). *βαφήω* Par. 53, 9 (a. 160) — 54, 11 (a. 163). *δάνηον*
Leid. O 32 (a. 89). *διδασκαλλήω* Par. 51, 10 (a. 160). *Ἡρακληούπολειν* Par. 54, 79 (a. 163). *ϑῆον* Brit. p. 29, 4
(a. 161). *οἰκηότητα* Par. 63, 8, 22 (a. 165). *οἰκήου* ΑΕΓ 33, 32 (a. 103); Gr. H². 28, 5 (a. 103). *πλήοσιν* ΑΕΓ
38, 12 (2/1. Jahrh.). *πλήω* Leid. C. p. 118, col. 2, 17 (c. 160). *Σαρακιγῆωι* (mit spirantischem *γ*) Par. 40, 10
(a. 156) — 41, 10 (a. 160).

128) *ποίσης* Brit. p. 43, 4 (c. 162). *ἀποκλήσαντες* ΑΕΓ 17, 16 (nach 146 oder 135). *ἐγμαγῆν* Par. 53,
43 (a. 160). *Σαρακιῆν* ibid. 47, 20 (a. 153); 58, 16 (a. 165). *πολημιεῖον* — *εῖον* II Fl. P. 13, 15, 3 u. 4 (a. 258).
[Statt *δεδανηκέναι* Taur. XIII, 8 (Peyr.) bietet das Facsimile deutlich *δεδανεικέναι*.]

129) *Λυκομείδηι* II Fl. P. 8, 1 B, 8 (a. 259).
[*Ἀσκ*]*λειπιείου* Brit. p. 25, 28 (a. 161). *ἀπει*[*λιωτου*] — *ἀπηλιῶτον* Leid. L. I, 8 (a. 181—117) —
II, 2. — *ἀγειοχόταν* Leid. B. 4 (a. 164); Brit. p. 9, 20 (a. 162) Wilck. *ἐπαγειοχό*[*τος*] Par. 15, 67 (a. 120). *εἰς-
αγηγοχότες* (volle attische Reduplikation) R. L. 54, 8 u. 10 (a. 259/8). Vgl. *K. Bl.* II, 347; anders *G. Meyer²*
294. — *Μεσορεί* R. L. 83, 1 (a. 259); ΑΕΓ 9, 8 (c. 239); I Fl. P. 16, 2, 12 (a. 230); 23, 5 u. 15 (a. 250). Par.
5, 50, 1 — Leid. M. II, 9 (a. 114).

130) *G. Meyer²* 129 u. 640. *K. Bl.* II, 195. *συντεϑεικώς* II Fl. P. 20, 3, 8 (a. 252). *ὑποτεϑείναμεν*
ibid. 38, c, 4 (c. 228); 46, a. 4 (a. 200). *ἐκτέϑεικαν* Par. 29, 16 (a. 160). *ἐκτέϑεικα* ibid. 49, 4 (a. 160). *ὑποτε-
ϑεῖσϑαι* Brit. p. 56, 1 (a. 131); Wilck. Act. XI, 2 (a. 116). *παρατέϑειται* Wilck. Act. II, 9 (a. 131). *τέϑειται*
Gr. H.² 28, 11 (a. 103). Belege für *τέϑηκα* gibt *Mhs*. 152 aus attischen Inschriften, wo *τέϑεικα* nicht vor dem
1. Jahrh. v. Chr. nachzuweisen ist.

131) *Mhs.* 31. *G. Meyer²* 227. *Bl. A.²* 45. *K. Bl.* I, 137 ff.

und geschwunden, oder es ist ε der graphische Ausdruck für geschlossenes ẹ, das sonst durch ει wiedergegeben wurde. Letztere Annahme gewinnt in diesem Zusammenhang an Wahrscheinlichkeit, wiewohl der analoge Vorgang von οι zu ο (vgl. § 12, 1 und 2) die erstere Möglichkeit begünstigt. Jedenfalls wurde durch den Eintritt des ε statt ει der Übergang in ι noch einige Zeit aufgehalten.

α. Vor Vocalen wird ει zu ε, und zwar:

vor α in: ἀλήθε(ι)αν [132]; διδασκαλέ(ι)α [133]; λογέ(ι)ας [134]; πορέ(ι)α [135]; σημέ(ι)αν [136]; Φιλαδέλφε(ι)αν [137]; χρέ(ι)αν [138]; Αἰνέ(ι)α (gen.) [139]; δωρέ(ι)άν [140]; εὐθέ(ι)ας [141]; Μεμνόνε(ι)α [142]; χήνε(ι)α. [143]

vor ο, ου, ω in: Αἰνέ(ι)ου [144]; Μεμνονέ(ι)οις [145]; Μεμνονέ(ι)ων [146]; μεσόγε(ι)ον [147]; πορέ(ι)οις [148]; Ποσιδε(ι)ών. [149]

Über πλείων — πλέον vgl. folgde. Nr.

β. vor Konsonanten:

In κεχερογραφήκασιν hat möglicherweise die Analogie mit den Formen χερός, χερί, χέρας mitgewirkt. Nicht so zu beurteilen sind ἐξειληφότα, εἰληφότων (neben gleichzeitigem

---

132) ἀλήθεαν Par. 47 verso (a. 153); ἀλήθεαμ πλημμ. Par. 63, 13, 10 (a. 164). — ἀλήθεια Taur. I, 6, 12 (a. 117).

133) διδασκαλία Par. 1, 541 (vor 165) = διδασκαλεία, das wohl als abnorme Nebenform zu διδασκαλία zu betrachten ist.

134) λογέας Gr. H.² 38, 15 (a. 81). — λογεία II Fl. P. 39, c, 6; 8; 12; 13; 15 (3. Jahrh.).

135) πορέαν Par. 1, 38 (vor 165). πορεία ibid. 90. 114.

136) σημέαν (Compagnie) Brit. p. 38, 23 (a. 158); 39, 45 (a. 158) = 40, 66. σημέας Vat. F (Witk.) 9 u. 13 (c. 158). — σημεία Par. 23, 5 (a. 165).

137) Φιλαδέλφεαν II Fl. P. 46, b, 2 (a. 200). — Φιλαδέλφειαν ibid. 46, c, 10 (a. 200).

138) χρέαν II Fl. P. 42, b, 2 (c. 250). — χρείαν II Fl. P. 4, 3, 10 (a. 255); ibid. 20, 13 (a. 252). Taur. VI, 31 (2. Jahrh.). χρέας Par. 63, 2, 57 (a. 165).

139) Αἰνέα II Fl. P. 50, 3, 9 (Laches; in den Texten Αἰνείου) c. 300. — Αἰνείαν ibid. 18 (pap.).

140) δωρεάν II Fl. P. 15, 1a, 4 (a. 241); δωρεᾶι ibid. 39, g, 14 (3. Jahrh.). δωρεαῖς R. L. 36, 15; 44, 3 (a. 259/8). Die in unseren Klassikertexten ausschließlich erscheinende Form δωρεά herrscht durchaus in den Papyri. Über das alte δωρειά vgl. Mhs. 31, Anm. 195.

141) εὐθέας Par. 1, 195 (vor 165) — die einzige Form dieser Art; sonst εὐθείας z. B. ibid. 414.

142) Μεμνόνεα Taur. V, 5 (2. Jahrh.). — Μεμνόνεια ibid. I, 4, 29 (a. 117).

143) χήνεα (χρέα) Par. 54, 45; 68; 72 (a. 163). Leid. C. p. 93, 4, 10 (a. 164—160). [Die ionisierende Form ξεή = ξε(ι)ά II Fl. P. 23, 1, 2 ist unsichere Lesart.]

144) Αἰνέου Par. 5, 11, 10 (a. 114).

145) Μεμνονείοις Taur. VI, 6 (2. Jahrh.). — Μεμνονείοις ibid. VII, 3 (2. Jahrh.); I, 4, 29 (a. 117); II, 14 (a. 120); VIII, 7 (a. 119). Par. 5, 1, 5 (a. 114); 6, 5 (a. 127).

146) Μεμνονέων Leid. N 2, 9; 3, 6 (a. 103).

147) μεσόγεον Leid. U 3, 14 (2. Jahrh.). — ἐπίγεια II Fl. P. 8, 2c, 10 (a. 246). Übrigens lautet die Vulgärform der Komposita auf -γαιος (wie ἔγγαιος, μεσόγαιος . .), so daß ebenso gut ε als Ersatz von αι angesehen werden kann. Vgl. oben § 10, 7 u. 10. Lobeck, Phryn. 297. Schm. Att. IV, 365.

148) πορέοις Gr. H.² 38, 18 (a. 81). — πορείοις II Fl. P. 39, d, 19 u. 21 (3. Jahrh.). πορείων R. L. 50, 11 (a. 259/58).

149) Ποσιδεάν (Monat) Par. 4, 6 (unbest.), aus ursprünglichem Ποσιδηιών (Mhs. 42) durch Ποσιδειών entstanden. Vgl. K. Bl. I, 139.

εἴληφα und ἴληφα). Das ganz singuläre *Ποσεδωνίωι* statt *Ποσειδωνίωι* scheint Schreibfehler zu sein.[150]

14. *πλείων — πλέον*.[151]

α. Vor langvokalischen Endungen steht im 3. Jahrh. v. Chr. überwiegend ει, also häufiger *πλείων, πλείω, πλείους* als *πλέων, πλέω, πλέους*. ει : ε = 9 : 4. Das 2./1. Jahrh. bieten nur je einmal *πλείους*, Beispiele mit ε fehlen.

β. Vor kurzvokalischen (offenen) Endungen steht sowohl ει als ε; also *πλε(ι)ον, πλείονος, πλέονι, πλε(ι)ονα, πλε(ι)όνων, πλείοσι, πλε(ι)ονάκι(ς)*. Verhältnis im 3. Jahrh.: ει : ε = 14 : 10; im 2. Jahrh.: 16 : 3.[152]

b. **Übergang von** ε **in** ει.[153]

15. Umgekehrt erscheint manchmal statt ε vor Vokalen die Schreibung ει, die auch hier ein

---

150) κεχερογραφήκασιν II Fl. P. 29, d, 10 (a. 242). — Dagegen ibid. 6 κεχειρογραφήκασι. χερός Par. 50, 18 (a. 160); χερί ibid. 5. χέρα Par. 62, 5, 8 (2. Jahrh.); II Fl. P. 20, 2, 7 (a. 252). χέρας II Fl. P. 4, 6, 11 (a. 255); Par. 50, 7 (a. 160). Vgl. *Bl. A.*³ 59. — ἐξειληφότα II Fl. P. 46, b, 2 (a. 200). εἰληφότων Brit. p. 19, 6 (a. 161).

151) *Mhs.* 119f. *K. Bl.* I, 571.

152) *πλείων* II Fl. P. 20, 4, 9 (a. 252).

πλείω II Fl. P. 9, 2, 10 (a. 241).

„ „ „ „ 12, 2, 12 } a. 241.
„ „ „ „ 3, 14 }

„ „ „ „ 13, 11, 1 (a. 258—53).

„ Rev. L. 58, 8; 60, 1 (a. 259).

πλείους Rev. L. 4, 2 (a. 259).

„ II Fl. P. 18, 1, 10 (a. 246).

„ Par. 62, 6, 4 (c. 170).

„ Leid. H. 11 (a. 99).

πλεῖον R. L. 29, 16; 53, 12; 57, 6; 59, 6 (a. 259).

„ Fl. P. 13, 17, 14 (a. 258).

„ Par. 1, 244 (vor 165) [I. Hand πλῆον].

„ Brit. p. 13, 25 (a. 162).

πλείονος R. L. 49, 4; 40, 12; 52, 2 u. 11 (a. 259).

„ II Fl. P. 38 b 2 u. verso 1 (a. 242).

πλείονα R. L. 99, 5 (a. 259/8).

„ Par. 26, 36 (a. 163); 15, 62 (a. 120).

„ Taur. I, 7, 25 (a. 117).

πλειόνων R. L. 4, 3 (a. 259/3).

„ II Fl. P. 38, b, 1 (a. 242).

„ AEF 11, 2, 12 (a. 157).

„ Vatic. E (Mai t. V p. 354) 25 (a. 158).

„ Brit. p. 61, 20 (a. 157—146).

„ Wilck. Act. 1, 1, 13; II 17 (a. 131).

„ Taur. I, 1, 8(a. 117); IX, 5 (a. 119).

„ Zoispap. I, 27 (a. 140).

πλείοσι Par. 2, 2, 4 (a. 165).

πλειονάκις Brit. p. 34, 5 (a. 161).

„ Vat. C 17 (162).

πλίων II Fl. P. 32, 2a, 21 (3. Jahrh.).

πλέω II Fl. P. 4, 11, 7 (a. 258).

πλήω Leid. C. p. 118, 2, 17 (c. 160).

πλίους II Fl. P. 32, 2a, 16 (c. 238).

πλίον II Fl. P. 14, 1a, 3 (3. Jahrh.).

πλέον R. L. 28, 5; 50, 8 (a. 259).

„ II Fl. P. 17, 3, 5 (3. Jahrh.).

„ II Fl. P. 14, 1a, 3 (3. Jahrh.).

„ Par. 1, 235 (vor 165).

πλέονι II Fl. P. 5, c (c. 250).

„ II Fl. P. 13, 3, 8 (a. 255).

πλέονα II Fl. P. 9, 2, 3 (a. 241).

„ II Fl. P. 13, 4, 9 (a. 255).

πλεόνων II Fl. P. 37, 2a, verso 4 (3. Jahrh.).

πλήοσιν AEF 38, 12 (2/1. Jahrh.).

πλεονάκις II Fl. P. 15, 1, 10 (a. 241).

„ Par. 8, 16 (a. 129).

πλεονάκι (sic) Par. 26, 22 (a. 163).

153) *G. Meyer*³ 221. *Bl. A*² 33 f. *Mhs.* 35.

sehr geschlossenes, dem I-Laut angenähertes e bezeichnet. In sämtlichen Beispielen (aufser *ἐ⟨ι⟩άν, δίπλε⟨ι⟩ον, Ἡρακλε⟨ι⟩ώτης*) ruht auf dem *ε* der Accent.

Vor *a* in: *ἐ⟨ι⟩άν*[154]); *τὸν βασιλέ⟨ι⟩α*[155]); *τὸν γραμματέ⟨ι⟩α*[156]); *Πετεαρσεμθέ⟨ι⟩α.*[157])

Vor *o* in: *χρέ⟨ι⟩ος*[158]); *δίπλε⟨ι⟩ον.*[159])

Vor *ov* in: *Ἡρακλέ⟨ι⟩ους*[160]); *Μανρέ⟨ι⟩ους.*[161])

Vor *ω* in: *ἀξιοχρέ⟨ι⟩ωι*[162]); *βασιλέ⟨ι⟩ως*[163]); *βασιλέ⟨ι⟩ων*[164]); *βραχέ⟨ι⟩ων*[165]); *Ἡρακλε⟨ι⟩ώτης*[166]; *ἱερέ⟨ι⟩ως*[167]); *ἱερέ⟨ι⟩ων*[168]); *Σολέ⟨ι⟩ων.*[169])

16. Auffallend und schwer verständlich sind Fälle, in denen vor einem Konsonanten das *ε* in *ει* übergeht, wie *ἐξεινιαντούς*[170]) — vielleicht durch Mouillierung entstanden? *ἡμείρας*[171]), *αῖρεισιν*[172]) — vielleicht Versehen?

IV. **Übergang von *ει* in *ι*.**

17. Der Übergang des *ει*, d. h. des geschlossenen *ē*, in den ihm verwandten Laut *ι*[173]) beginnt in der Sprache der Papyri wesentlich früher und entschiedener als in den attischen (und pergamenischen) Inschriften. Während diese[174]) im 3. und 2. Jahrh. v. Chr. nur ganz vereinzelte Beispiele zeigen, den Abschlufs der Entwicklung aber erst ums Jahr 100 v. Chr. erkennen lassen, häufen sich in den Papyri die Fälle schon seit der Mitte des 3. Jahrh. v. Chr. immer mehr und nehmen im 2. Jahrh. vollkommen überhand.

18. Freilich ist es hier mehr als irgendwo geboten, zwischen Literatur- und Volkssprache,

---

154) *εἰάν* II Fl. P. 4, 2, 7 (a. 255). Die gewöhnliche Form der Papyri ist *ἐάν*. Über *ἦν* vgl. § 5, 11; über *ἄν* § 21, 4.

155) *βασιλεία* II Fl. P. 45, 2, 23 (c. 246); Par. 31, 24 (a. 163); Dresd. I (Wessely) 6 (a. 162); Brit. p. 23, 35; 28, 22 (a. 161).

156) *γραμματεία* Brit. p. 40, 86 (a. 158); aber 95 *γραμματία*.

157) *Πετεαρσεμθεία* Gr. H² 25, 17; 26, 16; 27, 29; 28, 16 (alle 103); 30, 17 — aber 19 u. 32 *Πετεαρσεμθέα*.

158) *χρείος* Leid. J 380 p. 90 (2. Jahrh.).

159) *δίπλειον = δίπλεον*, das K. Bl. I, 402 Anm. 4. als die ursprüngliche Form = *δίπλοον* ansieht, II Fl. P. 13, 17, 4 (a. 258—53).

160) *Ἡρακλείους* II Fl. P. 49, f, I u. V (klass. Fragm. 3. Jahrh.); Par. 23, 12 (a. 165); Wien. Pap. Nr. 26 (a. 120). *Wessely*, Progr. des Frz. Jos. Gymn. in Wien 1885 S. 10.

161) *Μανρείους* II Fl. P. 25, i, 9 (a. 226), ebd. auch *Μανρίους*.

162) *ἀξιοχρείωι* Par. 10, 14 (a. 145).

163) *βασιλείως* Brit. p. 27, 3 (a. 161).

164) *βασιλείων* Taur. VII, 10 (2. Jahrh.) — aber in der Kopie V, 17 — *έων*.

165) *βραχείων* Par. 63, 9, 42 (a. 165).

166) *Ἡρακλειώ[της]* II Fl. P. 35, 2, 1 (a. 244—40); I Fl. P. 19, 21 (a. 225). — Sonst *Ἡρακλεώτης*, z. B. I Fl. P. 19, 6 (a. 225); II Fl. P. 47, 31 (a. 192) u. oft.

167) *ἱερείως* AEF 25, 2, 2 (a. 114) — aber 11 *ἱερέως*.

168) *ἱερείων* Leid. E 8 (a. 162); Par. 27, 7 (c. 160); Brit. p. 46, 29 (a. 146—135); Gr. H² 20, II, 8 (a. 114); 32, 2 (a. 101); 33, 6 (a. 100). — Daneben öfters *ἱερέων* z. B. 35, 2 (a. 98).

169) *Σ[ο]λείων* (von Soloi) II Fl. P. 45, 2, 8 (c. 246).

170) *ἐξεινιαντούς* Brit. p. 10, 19 (a. 162); in der Abschrift Par. 25, 12 (a. 162) *ἐξενιαντόν*.

171) *ἡμείρας* Brit. p. 27, 3 (a. 161).

172) *αῖρεισιν* (= *αἵρεσιν*) Dresd. II (Wessely p. 280) a. 162.

173) *G. Meyer*² 180 ff. *E. Schweizer* 52. — Anders *Bl. A.*³ 57 ff.

174) *Mhs.* 38, 24.

zwischen geschriebenem und gesprochenem Wort zu scheiden. Z. B. die Steuergesetze des Ptolemäus Philadelphus v. Jahr 259/8 v. Chr. enthalten nur je ein sicheres Beispiel für die Schreibung *ι* statt *ει* und *ει* statt *ι*[175]), noch keines für *ει* statt *ῑ*, während gleichzeitige Privaturkunden (Testamente, Soldatenbriefe etc.) in den Flinders Petrie Papyri schon zahlreiche Verwechslungen dieser Art aufweisen. Beispiele unter Note 177.

19. Auch der Kanzleistil des 2. Jahrhunderts, wie er uns in musterhafter Gestalt vorliegt in den Hermiasakten (Taur. I ff. Par. 15 c. 120) oder in den Aktenstücken der Bank zu Theben (c. 134 ed. Wilcken), ferner in vielen officiellen Eingaben und Bescheiden (z. B. Par. 22 a. 165; 35 a. 163; 26 a. 163; 61 a. 156 etc.) oder in dem Rundschreiben an die Finanzbeamten (Par. 62 = Rev. L. append. ums Jahr 170), hat noch teilweise die klassische Orthographie gerettet, während schon der Schreiber des Eudoxuspapyrus (Par. 1 vor 165), noch mehr aber die Verfasser der leichthin concipierten Eingaben und Privatbriefe (z. B. Par. 23 a. 165; Brit. XXIII p. 40 ff. a. 158), namentlich aber der Traumberichte (Par. 50 u. 51 c. 160; Leid. U nach Leemans „secundi saeculi a. Ch. n. parte posteriore") und der Tagebuchnotizen (Par. 22 ff.; Leid. S u. T) nachgerade jegliches Gefühl für den Unterschied zwischen *ει*, *ι* und *ῑ* vollkommen verloren haben. Daher der bunte Wechsel in diesen Lauten, der manchem Schriftstück schon im 2. Jahrh. v. Chr. ein ganz barbarisches Aussehen giebt. Ein Muster von geradezu verzweifelter Orthographie ist u. a. die Traumerzählung im Leid. C p. 111 ff. (c. 160), wo 8 *ι* und 17 *ῑ* durch *ει*, nur Ein *ι* und 4 *ῑ* richtig durch *ι* wiedergegeben sind.[176])

20. Eine Zusammenstellung sämtlicher Beispiele, in denen *ει* oder *ι* gegenseitig ihre Stelle gewechselt haben, ergiebt mit Rücksicht auf die zeitliche Fortentwicklung des Prozesses und die Einwirkung des Accents folgende Resultate:

III. Jahrhundert.

1. Der Übergang von *ει* in *ι* setzt gleichzeitig mit dem Übergang von *ι* in *ει*, etwa um die Mitte des Jahrhunderts, ein, und die Zahl der Beispiele ist in beiden Fällen annähernd dieselbe.

2. In beiden Fällen hat anfangs der Accent sichtlich mitgewirkt, indem der Übergang von *ει* in *ι* in der Mehrzahl der Beispiele unbetonte, im umgekehrten Falle betonte Silben trifft.

3. Für den Übergang von *ῑ* in *ει* finde ich fürs 3. Jahrh. nur ein Beispiel in betonter, 5 in unbetonter Silbe (NB! 4 in einem und demselben fehlerhaft geschriebenen Papyrus).[177])

---

175) *ι* für *ει*: in ἀναλώσιν — ἀναλώσειν R. L. 50, 9. *ει* für *ι*: in ἀποτεινέτω 46, 6. ἀποτ⟨ε⟩ινέτωσαν (?) 47, 7; sonst überall ἀποτινέτωσαν — möglicherweise falsche Analogie nach ἀποτεισάτω. Zu ὑπολογισθήσεται 34, 8 bemerkt *Grenfell*: The *ε* of *ει* is partly effaced, perhaps intentionally.

176) Man liest daselbst a) *ει* statt *ι* in col. 1, 7 ἀριθμοῦσα, οἰκείας (= οἰκίας); 9 ἐπειστρέψαι; 23 κλείμακος; col. 2, 9 u. 19 ἀριθμοῦσει, ἀριθμεῖν; 13 μαρσείπιον. p. 119, 27 ὠδείνουσα [richtig nur μέγιστον 2, 24]. b) *ει* statt *ι*: col. 1 u. 2 ἐνύπνειον (3 mal); 1, 6 δειά; 12 λέγουσειν; 13 ἐστείν; 15 σεληνειήοις; 18 δειακειμένη; 23 ἐπεί = ἐπί; 2, 9 ἀριθμοῦσει. 11 Τάγητει; 12 στατηρειήους. 13 μαρσείπιον. 14 λέγουσει. 15 εἰδού. 23 ἐπεικαλεῖν. 27 ἐπειλαμβάνετ(αι). [Richtig nur ὅτι, εἰσί, ἐνύπνιον (18), τρίτος.]

177) *ει* wird *ι*
a) *ει* wird *ι* in unbetonter Silbe: ἀπλώσιν (Inf.) R. L. 50, 9 (a. 259). ἀποτισάτω II Fl. P. 22, 9 (3. Jahrh.). ἀπο]τισον AEF 9, 5 (c. 239). Πισικράτει I Fl. P. 12, 6; 13; 16 [aber 1 Πεισίας. 15 Πεισικράτει] a. 238. ἰχνογραφῶσι II Fl. P. 4, 5, 4 (a. 255); διιόν ibid. 6, 15. ἐπιδικνύοντων ibid. 32, 2 a, 4

Anders im II./I. Jahrhundert v. Chr.

1. Der Übergang von εε in ε ist weit häufiger als umgekehrt (90 : 30).
2. Derselbe ergreift unterschiedslos betonte wie unbetonte Silbe.
3. Am allerhäufigsten verwandelt sich (in Papyrus niedrigsten Stils) ῑ in εε und zwar merkwürdigerweise lieber in unbetonten als in betonten Silben (80 unbetonte, 30 betonte Silben). Bemerkenswert ist, daſs die Erscheinung besonders vor Vokalen vorkommt, wo man an Trübung des i-Lautes denken könnte.[178])

21. Trotz der heillosen Verwirrung, die das Durcheinander der Laute εε und ε in Stamm- und Flexionssilben anrichtet, läſst sich doch aus der langen Reihe der vorliegenden Beispiele, meist in Übereinstimmung mit den attischen Inschriften, manche falsche Schreibung unserer Handschriften und früherer Ausgaben berichtigen.[179])

Richtig mit εε werden geschrieben:

ἀποτείσω, τείσεται, ἐξέτεισε, ἀποτεισάτω, ἀποτεισάτωσαν[180]); συνέμειξα, συμμεῖξαι, ἐμείχθη,

(c. 238). κεκλιμένας = κεκλειμένας ibid. 13, 8, 1 (a. 258—53). ποιήσις ibid. 9, 5, 3 (a. 241—39). χαίριν, εὐτύχι ibid. 7, 1 u. 7 (a. 249). [Die Formen ἀιδεῖ, ἀιδῆ, ἀιδές im Phädofragment (I Fl. P. VI, 1, 3; 2, 5; 2, 12; 3, 7), wo unsere Platotexte ἀειδεῖ, ἀειδῆ, ἀειδές bieten, scheinen auf einem Wortspiel mit ῾Αιδης zu beruhen, denn VIII, 3, 17 σωματοειδή. 4, 8 μονοειδοῦς.]

b) unter dem Accent: καταλίπω I Fl. P. 19, 26 (a. 225) — aber 25 καταλείπω. ἀποστίλας, παραδῖξαι, II Fl. P. 14, 2, 2; 10 (3. Jahrh.). Ποσίδεον (eine Festung an der Orontesmündung, die bei Strabo C 751 u. 753 Ποσίδεον heifst) ibid. 45, 2, 20 (c. 246). μεχίρ (= μεχείρ, ägypt. Monat) ibid. 25b 1 u. 3; 7; 17. c, 5 (a. 226); 27, 2, 2 u. 4 (a. 235); 3, e, 9 (c. 235).

ῑ wird εε

a) unter dem Accent: εἴδωσι II Fl. P. 4, 6, 16 (a. 255). γείνονται ibid. 13, 17, 9 (a. 258—53). Βουσείρει ibid. 13, 18 a, 9 (a. 258 ff.). ἐκλείναντος 37 II᾽ verso 8 (3. Jahrh.). ἡμεῖν 2, 1, 21 (a. 260). εἴσχνον 3, b, 4 (a. 260). ῾Αρσινοείτηι 4, 3, 2 (a. 255). ῾Αρσινοείδος ibid. 6, 8 (a. 255). Πετοσείρις (der Accent nach Wilcken) II Fl. P. 28, 7, 29; 9, 33 (3. Jahrh.).

b) in unbetonter Silbe: κρεῖθαι II Fl. P. Einl. p. 32, 8 (3. Jahrh.). γεινόμενον 9, 5, 6 (a. 241). ὑπολογισθήσεται (?) R. L. 34, 8 (a. 259). — 13 λογίασσθαι. ἀποτεινέτω ibid. 46, 6. ἐνώικεισται II Fl. P. 8, 2c, 5 (a. 246). συνεισχομένων Gr. H¹ 14a, 13 (a. 270 od. 233).

ῑ wird εε

a) unter dem Accent: ἐπεί = ἐπί II Fl. P. 4, 7, 3 (a. 255).

b) in accentloser Silbe II Fl. P. 14, 1b, 2: ἐξειλεφότι τὴν βασιλικὴν ἐν Πτολεμαΐδει; ibid. 2, 21 οὐκέτει (3. Jahrh.) νοσφειοῦσθαι R. L. append. Il, 2, 10 (c. 257).

178) Von einer Aufzählung aller Beispiele mufs des Raumes wegen abgesehen werden. ῑ wird εε vor Vokalen (II.—I. Jahrhundert v. Chr.): Par. 1, 357 δωδεκατημόρειον. 408 ἤλειος (vor 165). 4 ἐλαφηβολειῶν (unbest.). 23, 23 δειακονεῖ. 27 Σαραπειείωι (a. 165). 55ᵇ, 2 Μνήγειος (gen.) a. 159. 57, 2, 4 εἰιροῦ (a. 157). 58, 17 ᾽Λάνχειος (gen.) c. 160. 63, 11, 60 ὑποχειρείους (a. 165). 67, 9 ὠνεί[ω]ν (1. Jahrh. v. Chr.). ΑΕΓ 33, 50 ἀπηλειώτου (a. 103/2). Brit. p. 40, 75 ἐνειαυτόν (a. 158). Leid. S 3, 30 ῾Αρμάειος (gen.) a. 164. T 1, 12 ᾽Λώνχειος (a. 164). C. p. 118 (c. 160) 8 mal vgl. ob. Anm. 176.

179) Mhs. 39 ff. G. Meyer⁸ 181.

180) ἀποτείσω I Fl. P. 16, 2, 13 (a. 230). ἀποτείσει R. L. 15, 1 u. 9 (a. 259); II Fl. P. 38c verso 57 (a. 228); Par. 62, 6, 13 (c. 170). Brit. p. 32, 18 (a. 163). ἐκτείσει Zoisp. I, 24 (a. 140). ἀποτείσουσιν Par. 62, 3, 7 (c. 170); ibid. ἀποτεισοντ . . 2, 12. τείσεται I Fl. P. I A 3 (c. 245). ἐξέτεισε Gr. H.² 26, 10 (a. 103). ἀποτεισάτω II Fl. P. 8, 1 B 5 (a. 272); 44, 20 u. 28 (nach 246); 22, 13 (3. Jahrh.). ΑΕΓ 23, 16 (a. 118); 28, 7 (a. 108); 31, 11 (a. 104/3). Taur. IV, 23 (a. 117). Gr. H.² 16, 9 (a. 137); 24, 18 (a. 105); 25, 21; 28, 18 (a. 103); 30, 22 (a. 102); 33, 12 (a. 100). Leid. O 19 (a. 89). ἀποτεισάτωι Gr. H.¹ 26, 19 (a. 103); Par. 7, 12 (a. 99). ἀποτεισάτωσαν

4

ἐπιμείξει (Dat.), ἀμείκτοις [181]); Ἡρακλείδης [182]); λογεία, παραλογεία [183]); σημεία (Compagnie) [184]); σκαφεῖον (Grabscheit) [185]); τρεισκαιδέκατος, τρεισκαιδεκαμήνου [186]); τυλεῖον. [187])

Mit ιει werden geschrieben:

ὑγίεια [188]); κυριεία (Eigentumsrecht) [189]); Ἀμμωνιεῖον, Ἀνουβιεῖον, Ἀσκληπιεῖον, Ἀσταρτιεῖον, Ἰσιεῖον, πολήμιεῖον, Σαραπιεῖον, ταμιεῖον. [190])

Mit ι werden geschrieben:

ἀποτίνειν, ἀποτινέτω, ἔκτισιν [191]); ἐμπόριον [192]); θροιοπώλιον [193]); ἱματιεῖ, ἱμάτιον, ἱματίδιον, ἱματιοπώλης [194]); Ἶσις, Ἰσιάς, Ἰσίδωρος, Ἰσιεῖον [195]); κροκόδιλος [196]); νίκη, Νικάνωρ, Νικήρα-

II Fl. P. 44, 14 (nach 246). AEF 18, 20 (a. 132); 20, 13 (a. 127). Gr. H.² 18, 14 (a. 127); 27, 12 (a. 103); 29, 21 (a. 102). Diesen 34 Stellen gegenüber sind als orthographische Ungenauigkeiten zu betrachten folgende 4: ἀποτισάτω II Fl. P. 22, 9 (3. Jahrh.). ἀπο]τισον AEF 9, 5 (c. 239). ἀποτίσω Leid. C p. 22, 12 (a. 162); Gr. H.² 17, 5 (a. 136). Vgl. Mhs. 144.

181) συνέμειξα II Fl. P. 20, 4, 6 (a. 252) [Mahaffy συνέκειξα]. συμμείξαι Par. 49, 26 (a. 153). ἐμείχθη I Fl. P. I B 20 (c. 245). ἐπι[μ]είξει (v. ἐπίμειξις) Par. 63, 8, 23 (c. 165). ἀμείκτοις Par. 22, 9 (a. 165). — Nur einmal fehlerhaft συμμίξαι Par. 48, 11 (a. 153).

182) Gegenüber von ungezählten Fällen von Ἡρακλείδης in allen 3 Jahrhunderten steht vereinzelt Ἡρακλίδη II Fl. P. 28, 10, 20 (3. Jahrh.).

183) λογεία II Fl. P. 39, c, 6; 8; 10; 12; 13; 15 (3. Jahrh.). Brit. p. 46, 7 (c. 140). Par. 5, 2, 4 = Leid. M. (a. 114). παραλογεία Par. 51, 10 (a. 145). Sehr einläßlich handelt von diesem Wort Deißmann, Bibelstudien I, 139 ff., wo er richtig bemerkt, daß λογία 1. Cor. 16 (Kollekte) nicht „ein von Paulus geprägtes Wort" sei, sondern eine andere (fehlerhafte) Schreibart für λογεία. Das Wort gehört zu λογεύω (nicht λέγω), das sich ebenfalls aus den Papyri nachweisen läßt: Brit. 32, 7 (a. 163); 47, 40 (c. 140).

184) σημεία Par. 23, 5 (a. 163). In den Polybiustexten steht σημεία. Über σημεία vgl. Anm. 136.

185) σκαφεῖον II Fl. P. 18, 2a, 7; 2b, 1 (a. 245); ibid. Einl. p. 33, 3 u. 5 (3. Jahrh.).

186) τρεισκαιδέκατον Brit. p. 36, 5 (a. 160); Par. 38, 4 (a. 160). τρεισκαιδεκαμήνου Par. 1, 314 [ibid. 308 u. 312 schlecht τρισκαιδεκαμήνου]. K. Bl. I, 626 Anm. 3.

187) τυλεῖον R. L. 94, 10; 102, 5 (a. 259). Phryn. 174.

188) ὑγίειαν Leid. G 13; H 12 (a. 99).

189) κυρείαν Taur. I, 4, 30; 7, 16 (a. 117). Leid. G 14; H 13 (a. 99).

190) Ἀμμωνιεῖον Taur. VIII, 47 (a. 119). Ἀνουβιεῖον Taur. X, 12 (unbest. 2. Jahrh.). Ἀσκληπιεῖον Brit. p. 25, 28 (a. 161). Ἀσταρτιεῖον Brit. p. 34, 9 (a. 161). Ἰσιεῖον II Fl. P. 39, a, 8 (3. Jahrh.) πολήμιεῖον (?) II Fl. P. 13, 15, 3 u. 4 (a. 258). Σαραπιεῖον Beisp. Anm. 43β. ταμιεῖον I Fl. P. 21, 22 (a. 237); II Fl. P. 41, 5 (3. Jahrh.); 32, 1, 5 (c. 238).

191) ἀποτίνειν Par. 13, 14 (a. 157). Taur. II, 33 (a. 120); I, 7, 11 (a. 117). ἀποτινέτω R. L. 19, 14; 26, 9; 40, 6; 43, 8; 44, 16; 45, 9 u. 15; 49, 20; 50, 18; 51, 8; 56, 11 (a. 259). ἀποτινέτωσαν R. L. 15, 14; 25, 16 u. s. w. [13 mal s. Index]. Fehlerhaft 46, 6 ἀποτινέτω; statt ἀποτ⟨ι⟩νέτωσαν 47, 7 zu lesen ἀποτινέτωσαν. — ἔκτισιν II Fl. P. 46, b, 1 (a. 200); Gr. H.² 27, 20 (a. 103). Die Form ἔκτεισιν AEF 18, 23 (a. 132); 20, 16 (a. 127); Gr. H.² 18, 19 (a. 126) ist falsche Schreibung (nach Analogie von τείσω), nicht starke Form (wie ἔκλειψις). Vgl. G. Meyer 181.

192) ἐμπόριον (vulg. -εῖον) R. L. 9, 2 (a. 259).

193) θροιοπώλιον (sic) Par. 40, 13 (a. 156).

194) ἱματιεῖ Brit. p. 32, 14 (a. 163). ἱμάτια II Fl. P. 32, 1, 18 (c. 238). Par. 12, 14 (a. 157). ἱματίδιον Par. 10, 22 (a. 145). ἱματιοπώλης Brit. p. 34, 32 = Par. 36, 8 (a. 161). Orthographisch falsch, wenngleich etymologisch richtig (G. Meyer² 181) εἱμάτιον Par. 59, 4 (a. 160).

195) Neben ungezählten Fällen von Ἶσις sehr selten Εἶσις, z. B. Par. 50, 22 (a. 160); Dresd. I, G (a. 162). Ἰσιάς Brit. p. 30, 1 (a. 172). Ἰσίδωρος II Fl. P. 27, 1, 12 (a. 236). Ἰσιεῖον ibid. 39, a, 8 (3. Jahrh.).

196) Witkowski, Prodr. Append. 57 ff. Durchweg im 3. und 2. Jahrh. ἐν κροκοδίλων πόλει.

τος, Νικόστρατος, Βερενίκη[197]); Ποσϊδεών[198]); τιμᾶν, τιμή, τιμιόρα, Τιμόνικος, Τίμανδρος, Διότιμος, Ἐχετίμη, φιλότιμος[199]); χίλιοι.[200])

22. στρατεία kommt nur im Sinn von „Militärdienst“ vor.[201])

23. χαλκεῖον und χαλκίον finden sich wiederholt neben einander im selben Stück und in derselben Bedeutung (Kupferkessel als Hohlmafs); ebenso wechselt ἀήδεια mit ἀηδία. In beiden Fällen kann auch an verschiedene Suffixe gedacht werden.[202]) Keine Doppelformen haben die Papyri in folgenden Substantiven, die in der sonstigen Litteratur auch -ειον haben: ἀποδοχίον, ἐλαιουργίον, γραφίον, σιτώνιον, σκενοφυλάκιον, στρατήγιον, τελώνιον, ὑποδοχίον, χαλκωρυχίον.[203]) Ebenso kommen Formen auf -'εια in Brauch, wo -ία zu erwarten wäre, wie ἐπικούρεια (sicher ἐπικουρεία gesprochen!), ὀρφάνεια, συνέργεια.[204]) Ein neugebildetes Wort ist εὐεργέτεια = Wohlthäterin (v. εὐεργέτης); auch ναυτεία (nicht = ναυτία, Seekrankheit, sondern „Schiffahrt“) kennen die Lexika nicht.[205])

24. μεχίρ ist die gewöhnliche Schreibweise des ägyptischen Monats im 3. Jahrh., im 2. ausnahmslos μεχείρ.[206])

Übergang von εἴ in εῖ.

25. Das Adjektiv von στυππεῖον (Werg) lautet statt στυππείνος einmal στυππεῖνος.[207])

197) Νικάνορος II Fl. P. 27, 2, 8 u. 13 (a. 236). Νικηράτου ibid. 13, 4, 14 (a. 258) [Νεικηράται Par. 54, 19 (a. 163)]. Νικοστράται II Fl. P. 13, 18b, 12 (a. 258). Βερενίκη ibid. 28, 4, 8; 28, 6, 32 (3. Jahrh.) — Βερενείκης AEF 24, 3 (a. 145—117).

198) Ποσϊδεών (Monat) Par. 4 (unbest.); so schon auf attischen Inschr. des 5. Jahrh. v. Chr. Mhs. 42. K. Bl. I, 131 u. 139.

199) συντιμᾶσθαι II Fl. P. 27, 1, 2 u. 13 (a. 236). τιμή ibid. 13, 7, 12 (a. 258); 25, i, 15 (a. 226); Leid. S 4, 26 (a. 164) etc. [Dagegen τειμήν nur Leid. S 1, 4; 2, 5 (a. 164); AEF 22, 9 (a. 118)]. τιμιόρα (gebildet nach πληθόρη?) Brit. p. 26, 17 (a. 161). Τιμόνικος Leid. H 1 (a. 99). Τιμάνδραι II Fl. P. 17, 4, 2; 3; 7 (3. Jahrh.). Διότιμος ibid. 13, 1, 4 u. 6 (a. 253); 9, 13 (a. 241). Ἐχετίμη I Fl. P. 22, 1, 2 (a. 249). φιλοτιμότατα II Fl. P. 42, c, 13 (3. Jahrh.).

200) τριςχιλίων II Fl. P. 46, b, 3 u. 5 (a. 200), nirgends χείλιοι. G. Meyer² 504. K. Bl. I, 628.

201) στρατείαν Brit. p. 38, 12 u. 19 (a. 158).

202) χαλκεῖα Leid. S 2, 16; 3, 2 u. 26. χαλκίον ibid. 2, 9 u. 10; 3, 18; 24; 34. 5, 2; 9. 6, 30 (a. 164—160). T 1, 4 u. 24 (c. 160). Par. 34, 7 u. 16 (a. 157). — ἀήδειαν Par. 48, 8 (a. 153). ἀηδίαν Par. 11, 23 (a. 157). K. Bl. II, 276 Anm. 1.

203) ἀποδοχία R. L. 31, 19; 32, 2; 54, 18 (a. 259/8). ἐλαιουργίον R. L. 44, 4; 45, 13 (a. 259); II Fl. P. 27, 2, 15 (a. 236); Wilck. Act. X² 2 (a. 130). γραφίον Taur. XIII, 9 (a. 137). σιτώνιον AEF 42, 9 (2. Jahrh.). σκενοφυλάκιον II Fl. P. 5 a (c. 250). στρατηγίον (Feldherrnzelt) II Fl. P. 10, 2, 11 (vor 240). τελώνιον (Zollhaus) II Fl. P. 11, 2, 3 (3. Jahrh.); R. L. 9, 5 (a. 259/8). ὑποδοχίωι II Fl. P. 4, 4 (a. 252). χαλκωρυχίοις ibid. 9, 2, 3 (a. 241).

204) ἐπικουρείας (sic) Par. 63, 9, 39 (a. 165). ὀρφάνεια Par. 39, 11 (a. 161). συνεργείας Par. 63, 6, 163 (a. 165); Brit. p. 29, 4 (a. 161); Leid. D I, 14 (a. 162).

205) εὐεργέτεια Leid. U 2, 9 (2. Jahrh.). ναυτεία R. L. 85, 6 (a. 259), wozu Grenfell citiert Rosetta stone 17 προσέταξεν δὲ καὶ τὴν σύλληψιν τὰς εἰς τὴν ναυτείαν μὴ ποιεῖσθαι.

206) μεχίρ II Fl. P. 25 b, 1; 3; 7; 17; c, 5 (a. 225); 27, 2, 2 u. 4 (a. 236); 30, e Rand (a. 235) u. s. w. μεχείρ R. L. 86, 3 (ibid. frgm. 6, a, 10 μεχίρ) a. 259; II Fl. P. 28, 6, 29 (3. Jahrh.). Im 2. Jahrh. unzähligemal μεχείρ.

207) στυππεῖνων R. L. 103, 2 (a. 259). Mhs. 35. Phryn. 261.

4*

§ 12.

οι.

a. **Übergang von** *οι* **in** *ο.* [208])

1. Der Schwund des intervokalischen *ι* bei *οι* kommt einmal vor in *δόη* = *δοίη* [209]), sehr häufig bei *πο(ι)εῖν.*

2. Im Verbum *ποιεῖν* kann das *ι* überall fehlen vor folgendem *E*-Laut (*ει* oder *η*); so kommen vor: *ποεῖ, ποεῖς, ποεῖν, ποεῖσθαι, ποείσθω, ἐποεῖσθε, ποεῖται, ποήσεις, ποήσετε, ποήσουσι, ποῆσαι, ποήσας, ποήσαντος, ἐπόησεν, ἐπόησαν, ποήσασθαι, πόησαι, ἐποήσατο, ποησάμενος, πεπόηκε, πεποηκέναι, ἐπεποήκει, πεπόημαι, πεπόηται, πεποήμεθα, πεπόηνται, πεποημένος;* dagegen nicht vor folgendem *O*-Laut [210]); also immer: *κλειδοποιῶ, κασοποιοῖς, ποιῶν, πωιῶμεν, ποιῶσι, ποιοῦσι, ποιοῦμαι, ποιούμενος* etc.

Über das Zahlenverhältnis von *ποι-* zu *πο-* vor *E*-Lauten giebt folgende Tabelle Aufschlufs, die für das 3. Jahrh. v. Chr. aus Rev. L. u. II Fl. P., für das 2.—1. Jahrh. aus Par., Brit., Leid., Taur., AEF, Gr. H², Wilck. Act. angelegt ist.

III. Jahrh. v. Chr.	*ποι*	*πο*	Verhältnis von *ποι* : *πο*
vor *ει*	12	5	
vor *η*	44	3	
Zusammen:	56	8	7 : 1.

II.—I. Jahrh. v. Chr.	*ποι*	*πο*	Verhältnis von *ποι* : *πο*
vor *ει*	22	8	
vor *η*	57	34	
Zusammen:	79	42	2 : 1.

b. **Übergang von** *οῖ* **in** *οι.*

3. Neben *πηλοποιίαι* findet sich die vereinfachte Schreibweise *ἱεροποῖαν, ὁδοποῖαι.* [211])

c. **Übergang von** *ο* **in** *οι.*

4. Umgekehrt erscheint manchmal zwischen o und *η*, abweichend von der üblichen Orthographie, ein halbvokalisches Jod: so in *καταβο⟨ι⟩ῆς, βο⟨ι⟩ηθόν, βο⟨ι⟩ηθείας, ὀγδο⟨ι⟩ήκοντα.* [212])

---

208) *Mhs.* 44. *K. Bl.* I, 137. *Bl. A³* 52. *G. Meyer³* 228.
209) *δόη* Artem. Pap. Z. 4 (3. Jahrh.).
210) Merkwürdigerweise führen die alten Grammatiker den Ausfall des *ι* gerade für *ποιῶ* an. Etym. magn. 679, 24: *ἰστέον, ὅτι οἱ Ἀθηναῖοι ἀποβάλλουσι τὸ „ι" λέγοντες ποῶ.*
211) *πηλοποιίαν* II Fl. P. 12, 4, 3 (a. 241). — *ἱεροποίαν* ibid. 11, 2, 2 (3. Jahrh.); *ὁδοποίαι* Gr. H² 14, b, 6 (a. 264 oder 227).
212) *καταβοιῆς* Artem. P. 6 (3. Jahrh.). *βοιηθόν* Leid. E 26 (a. 162); Brit. p. 25, 9 = 26, 8 (a. 161); Par. 27, 23 (c. 160). *βοιηθείας* Par. 37, 54 (a. 163). *ὀγδοιήκοντα* I Fl. P. 19, 22; 20, 1, 9 (a. 225).

d. Wechsel zwischen *οι, v, ι.*[213])

α. οι **wird** *v.*

5. Die frühesten, urkundlich nachweisbaren Stellen, in denen *οι* durch *v* ersetzt wird, bieten 2 — freilich sehr schlecht geschriebene — ptolemäische Papyri des 2. Jahrh. v. Chr. in den Formen *ἀνύγετε, ἀνύγω*. Die Erscheinung ist jedoch so vereinzelt, dafs ein Schlufs auf die weitere Verbreitung der Aussprache des *οι = v* (ü) — durch ui hindurch — schon für diese Zeit kaum zulässig erscheint.[214])

β. v **wird** *οι.*

6. Umgekehrt findet sich *λοιμανάμενοι* für *λυμανάμενοι*.[215])

γ. οι **wird** *ι.*

7. Wenn statt des gewöhnlichen und sehr häufigen *χοιάχ* (Monat) einmal *χιάχ* steht, so dürfte hier wohl ein Schreibfehler oder unsichere Wiedergabe eines ägyptischen Vokals anzunehmen sein.[216])

e. Übergang von *οι* **in** *ει.*

8. Der Gen. von *δύο* lautet nach neuattischer Manier einmal *δυεῖν*.[217])

§ 13.

vι.

1. Der Ausfall des Jota vor Vokalen, wie er in den attischen Inschriften seit dem 5. Jahrh. v. Chr. erscheint und im 4. Jahrh. sogar stehend ist[218]), begegnet nur in 2 Wörtern: *ὀργυάς* und *ὀπνασθώμεθα*. Sowohl die Participia perf. act. fem. auf *-υῖα* als die Formen von *υἱός* haben durchweg den vollen Diphthong.[219])

2. Der Dichtername *Ἴβυκος* wird einmal [*Ἴ*]*βυικος* geschrieben.[220])

---

213) *Bl. A.*² 70. *G. Meyer*² 185.

214) *ἀνύγετε* Par. 50, 7 (a. 160). *ἀνύγω* Par. 51, 7 (a. 160).

215) *λοιμανάμενοι* AEF 17, 15 (nach 147 oder 135).

216) *χιάχ* II Fl. P. 4, 6, 19 (a. 255).

217) *δυεῖν* Par. 1, 293 (vor 165). Phryn. 210 bezeichnet *δυεῖν* als gut attisch. *K. Bl.* I, 633, Anm. 3. [Sonst hat durchweg *δύο* in den Papyri die Funktion des Genetivs, z. B. *τῶν δύο* II Fl. P. 38, a, 5 (a. 240); ibid. 37, 1, 5 u. 8 (a. 236). AEF 10, 12 (a. 174). Taur. XI 15 (a. 177 od. 165). Par. 31, 16 u. 31 (a. 163). Leid. T 1, 24 (a. 164—160). Taur. I, 7, 26 (a. 117); VIII, 44 (a. 119).]

218) *Mhs* 46. *Bl. A.*² 50. *K. Bl.* I, 136. *G. Meyer*² 201.

219) *ὀργυάς* II Fl. P. 9, 5, 5 (a. 241). *ὀπνασθώμεθα* AEF 1, 2, 11 (nach 173). Moeris bezeichnet *ὀπόω* als attisch. — Participia perf. act. fem. z. B. *κατηγγυηκυῖαν* II Fl. P. 17, 1, 30 (3. Jahrh.). *διακεκυβερηκυῖα* — *καὶ ἐληλυθυῖα* Brit. p. 30, 16 (a. 172). *γεγονυῖὰν* Par. 63, 2, 36 (a. 165); *προεληλυθυῖὰν* ibid. 62, 4, 11 (c. 170), *τετευχυῖα* Par. 8, 23 (a. 129). *προσκεκτωνυίας* AEF 35, 7 (a. 99) u. s. w. Von *υἱός*: *υἱοθ* Par. 22, 5 (a. 165); AEF 20, 7 (a. 127); *υἱὰι* II Fl. P. 38, b, 4 u. 8 (a. 242); Par. 26, 23 (a. 163); *υἱόν* Par. 22, 25 (a. 165); 14, 16 (a. 127); *υἱοί* I Fl. P. 15, 16 (a. 237); Par. 41, 20 (a. 160). *υἱούς* Par. 5, 48, 2 (a. 114) u. s. w.

220) *Οὐ* [*Ἴ*]*βυικος* Par. 2 col. 9 (vor 160).

§ 14.

αυ und ευ.

a. Schwanken zwischen αυ und ου.

1. Zwischen αυ und ου schwankt die Schreibung bei μαλοπαρούαν und μαλοπαράυαν (äpfelwangig) — Beiwort eines Pferdes, eine äolische Dialektform; ferner einmal ταύτων statt τούτων (femin.), vielleicht analog zum Singular gebildet.[221])

b. Spirantische Aussprache des v in αυ und ευ.[222])

2. Anzeichen für spirantische Aussprache des v in den Dipthongen αυ und ευ sind:

α. Die Schreibung αυ = αβ in ῥαύδους = ῥάβδους, [ῥαύ]τοις = ῥάβδοις; ebenso ευ = επ in ἐμβλευσαντες = ἐμβλέψαντες. Alle diese Stellen stammen aus der Feder desselben Schreibers, des Klausners Ptolemäus.[223])

β. Die Einschiebung eines v = w zwischen 2 Vokalen: so αὐάιλια statt des geläufigen ἀώιλια. Vergleicht man Ὀσορμνεύιος mit Μνήγειος (= Μνήιος), so scheint auch hier das v die Bedeutung eines spirantischen Vermittlungslautes zu haben.[224])

γ. Der Ausfall des v in αυ und ευ vor Konsonanten wie Vokalen in: Γλαχίου, Πολυδέκηι, σκεοφύλακα.[225])

3. Für den zuerst im Kretischen nachgewiesenen Übergang von αλ und ελ in αυ und ευ, wie in αὐχά = ἀλχή, εὐϑῆν = ἐλϑεῖν, ἀδευφιαί = ἀδελφιαί, findet sich auch in einem Papyrus des 2. Jahrh. v. Chr. ein Beispiel in βευτιστον = βέλτιστον.[226])

4. Über die Kontraktion von εο in ευ (Θεύδωρος) vgl. unten § 24, 2.

§ 15.

ου.

a. Schwanken zwischen ου und ο.[227])

α. **ου wird ο.**

1. Als ein Rest alter Orthographie ist es vielleicht in einigen Fällen zu betrachten, wenn statt ου der einfache Buchstabe ο geschrieben wird: statt des echten ου in σποδήν;

---

221) μαλοπαρούαν (Hesych. λευκοπαρείαν) II Fl. P. 35, 1, 11 (a. 244—40); ibid. 3, 9 μαλοπαράυαν; ibid. d, 7]παρούαμ. παραύα wird v. K. Bl. I, 463 u. G. Meyer² 169 als lesbisch bezeichnet. Vgl. Vorwort p. IX. — ταύτων = τούτων (fem.) Brit. p. 13, 23 (a. 162). [ταύτοις ibid. p. 36, 29 (a. 160/59) verbessert Wilcken in τ' αύτοις; ebenso τούτην ibid. p. 38, 17 (a. 158) in τοῦ τήν.]

222) Bl. A.² 79. K. Bl. I, 139. G. Meyer² 191.

223) ῥαύδους [nicht ῥαύβδους, wie noch in der neuesten Auflage von G. Meyer² p. 193 steht] Par. 40, 33 (a. 156); 41, 26 (a. 158). [ῥαύ]τοις Par. 40, 41 (a. 156). Dagegen ῥάβδους Brit. p. 34, 12 (a. 161). — ἐμβλευσαντες Brit. p. 38, 15 (a. 158).

224) αυάιλια II Fl. P. 36, 2, 7 (3. Jahrh.). — ἀώιλια ibid. 4, 11, 4 (a. 255); 15, 1a, 4 (a. 241); ibid. 36, 1, 2 u. 3; 15; 29. — Ὀσορμνεύιος (zu lesen wohl = Osorunnévios) Leid. G. 11; H. 10 u. 12 (a. 99). Μνήγειος Par. 55ᵇ, 2 (a. 159).

225) Γλαχίου = Γλαυκίου Par. 6 (a. 158). Πολυδέκηι Par. 45, 6 (a. 153). Dagegen Πολυδεύκηυ Par. 44, 4 (a. 153). σκεοφύλακα = σκευοφύλακα II Fl. P. 13, 10, 5 (a. 258—53); sonst σκευοφυλάκιον ibid. 5, a, 2 (a. 250).

226) βευτιστον Par. 63, 1, 26 (a. 165). G. Meyer² 244. Bl. A.² 79.

227) K. Bl. I, 140 G. Meyer² 194. Mhs. 20f. nebst Note 21.

statt des unechten in: τὸ = τοῦ, ταύτοσαυτὸ, τὸς πολεμίο[υς], τὸς ἀνδρείους, πρὸς ἑαυτός, βολομένου, βολάμενοι, μείζος, πολῶντος für πωλοῦντος. Dagegen hat bei ἀπὸ τοῦ
πένθος vielleicht der Nominat., wie nicht gar selten, Genetivfunktion.[228])

β. o wird ov.

2. Statt Πνανοψιών, welches die ältere, in Inschriften erhaltene Form für Πνανεψιών ist,
kommt Πνανουψιών vor; οὐ δ᾽ οὐκ ἔφυ ist Schreibfehler für ὁ δ᾽ οὐκ ἔφη; ebenso δύου
einmal für δύο.[229])

b. Schwanken zwischen ov und v.

α. ov wird v (in tonloser Silbe).

4. In einem Papyrus niedrigsten Stiles steht 4 mal βυκόλος (Rinderhirt), 2 mal βουκόλος,
wobei freilich o[1] erst übergeschrieben ist. θησαυρῦ = θησαυροῦ ist Verschreibung.[230])

β. v wird ov (zunächst in betonter Silbe).

5. Einmal begegnet διλούονται (sic), was in der folgenden Kopie berichtigt wird mit
διαλύονται; ebenso νοῦν statt νῦν (im selben Stück, das βυκόλος enthält). Statt ὑπάρ-
χουσαν wird einmal ὑπάρχυσαν geschrieben.[231])

c. Über das Schwanken zwischen ov und ω vgl. § 7, 5.

Die Diphthonge αι, ηι, ωι.[232])

§ 16.

ᾱι.

1. Der Diphtong ᾱι findet sich richtig gesetzt

a. im Inneren der Worte Θρᾷξ, Θραικός, Θραικῶν, Θράισσηι[233]); ῥαιδίως, ῥάιων[234]),

b. in Flexionsendungen:

228) σποδήν Leid. U. 3, 13 (2. Jahrh.) τὸ und ταύτοσαυτὸ (dor. Reflex.) Artem. P. 2. 3. 4 (3. Jahrh.). τὸς
πολεμίο[υς]-τὸς ἀνδρείους II Fl. P. 50, 2, 17 u. 4, 12 (Laches c. 300). πρὸς ἑαυτός Par. 46, 13 (a. 153). βολομένου
Par. 40, 18; 21; 24 (a. 156). βολάμενοι Par. 48, 10 (a. 153). μείζος = μείζους Par. 1, 436 (vor 165). πολῶντος
Par. 40, 17 (a. 156). — ἀπὸ τοῦ πένθος Brit. p. 27, 2 (a. 161). Nominat. statt Genet. z. B. παρὰ Ἀπολλώνιος Par.
60ᵇ, 28 (a. 150). παρὰ Πτολεμαῖος Brit. p. 26, 29 (a. 161). τοῦ ὕδωρ Leid. S. 3, 32; παρὰ Ἅρμαεις ibid. 5, 12
(a. 164). ἀπὸ ᾽πηλιότης (sic) = ἀπὸ ἀπηλιώτου Par. 51, 34 (a. 161). Ἅρμαις—ἐπιγγόντος Par. 35, 19 (a. 163).
Ὀννῶφρις (Gen.) οἰκία Brit. p. 49, 16 (3. Jahrh.). Vgl. Schm. Att. III, 325; G. G. A. 1895, I, 42.

229) Πνανουψιών Par. 4 (unbest.). Vgl. Namenlexikon v. Pape-Benseler s. v. (1875). Mhs. 18, 10. οὐ
δ᾽ οὐκ ἔφυ Gr. H.² 14, c, 6 (3. Jahrh. v. Chr.). δύου Brit. p. 15, 6 (a. 162). [Vgl. πολιουρκία Marm. Par. Mitteil.
des ath. Inst. XXII, 186.]

230) Brit. p. 28, 7; 16; 17; 19 ὀβυκόλος; dagegen 9 βουκόλος; 17 βουκόλου (a. 161). θησαυρῦ 60ᵇ, 31 (a. 150).

231) διλούονται Brit. p. 25, 20. διαλύονται p. 26, 19 (a. 161). νοῦν = νῦν Brit. p. 28, 16 (a. 161).
ὑπάρχυσαν (Wilcken, Hermes 28 p. 231) Brit. p. 49, 5 (3. Jahrh. v. Chr.).

232) Mhs. 50 ff. K. Bl. I, 183 ff.

233) Θρᾷξ II Fl. P. 35, 1, 10; 2, 5 (a. 244—40); ibid. 46, b, 1 (a. 200). I Fl. P. 13, 3, 8 (a. 237).
Θραικός II Fl. P. 46, c, 5 (a. 200). Θραικῶν ibid. 30, a, 1 (a. 235); ibid. Einleit. p. 37 b 4 (3. Jahrh.). Θράισσηι
I Fl. P. 19, 26 (a. 225).

234) ῥαιδίως I Fl. P. 4, 1, 11 (klass. Fragm. 3. Jahrb.); ibid. 6, 3, 4 (Phädo); II Fl. P. 11, 1, 4 (3. Jahrh.);
Par. 63, 169 (a. 165). ῥάιων II Fl. P. 50, 1, 24 (Laches c. 300).

α. im Dativ sing. der a-Deklination,

β. im Indik. u. Konjunkt. praes. der verba contracta auf — αω[235]),

γ. im Konjunkt. des unthematischen Aorist. act. von A-Stämmen[236]),

δ. in den Adverbien ἰδίαι, λάθραι.[237])

2. **Der Übergang von** ἀι in α (Schwund des ι προσγεγραμμένον) ist im 3. Jahrh. v. Chr. ausgeschlossen, auch in der ersten Hälfte des 2. Jahrh. eine grofse Seltenheit, häufiger erst ums Jahr 100, ein Beweis, dafs seitdem das ι nicht mehr gesprochen wurde.[238]) Infolge dessen erscheint manchmal mifsverständlich

3. αι statt α.

Zwei Beispiele aus dem 3. Jahrh. v. Chr. ἀλλάι statt ἀλλά, Μεννέαι als Nominativ mögen noch als reine Verschreibungen passieren, vielleicht auch noch ταυτάι ▬ ταὐτά u. ἐπιτήδηαι ▬ ἐπιτήδεια; anders aber am Ende des 2. Jahrh. ἀπὸ βορρᾶι und die wiederholten Nominative Ἀπολλωνίαι (sing.) — Κυρηναίαι.[239])

4. Ohne Jota προσγεγραμμένον werden geschrieben:

a. Der Infinitiv auf -ᾶν, da in der Grundform kein echtes ει vorliegt.[240])

b. πραέως.[241])

5. Über κλᾱίω (κλᾴω) und κλάω, κᾱίω (κᾴω) und κάω vgl. § 10, 3.

§ 17.
ηι.

A. Im III. Jahrhundert vor Chr.

1. Den Diphthong ηι haben richtig

a. in klassischen Texten die Worte ἀποθνήισκειν, λῃστής[242]),

b. in literarischen Stücken und gleichzeitigen Urkunden,

α. Der Dativus sing. der a-Deklination auf ηι ausnahmslos;

---

235) ὁρᾴς II Fl. P. 13, 9, 9 (a. 258—253). ὀδυνᾶι AEF 1, 1, 10 (nach 173). νικᾴι Par. 1 Akrostich 11 vor 165). ἀπαντᾴι, περισπᾷι Brit. p. 30, 3 u. 31 (a. 172). ἐφορᾴι ibid. p. 38, 30 (a. 158) u. s. w.

236) διαδρᾴι II Fl. P. 39, e, 4 (a. 245).

237) ἰδίαι R. L. 29, 3 (a. 259/8). Brit. p. 13, 21 (a. 162). Par. 30, 29 = Dresd. I, 9 = Leid. D (a. 162). λαθραι Par. 22, 28 (a. 165).

238) Überwiegend im Auslaut. Dative auf α: Ἀλεξανδρήα Par. 51, 30 (a. 160). ἀγορᾶ AEF 31, 14 a. 104/3); Gr. H² 29, 25 (a. 102). τῇ τοπαρχία AEF 33, 18 u. 34 (a. 103). τῇ ταινία ibid. 34, 5 (a. 102); Gr. H² 28, 10 (a. 103); ibid. 32, 5 u. 6 (a. 101). Ἑρμία ibid. 23, 9 (a. 108); Ἐσθλάδα ibid. 26, 13 (a. 103). Verba contracta: καθεισᾶ Par. 23, 11 (a. 165). ἀπαντᾶ ibid. 44, 2 u. 45, 2 (a. 153). [Letronne ἅπαντα, vgl. aber dieselbe Wendung Brit. p. 30, 3.] Im Inlaut nur: ῥαθυμῆσαι Leid. U 4, 21 (2. Jahrh.).

239) ἀλλάι II Fl. P. 50, 4, 18 (Laches c. 300). Μεννέαι I Fl. P. 21, 18 (a. 237). ταυτάι Par. 63, 7, 21 (a. 165). ἐπιτήδηαι (Wilcken) Brit. p. 38, 16 (a. 158). ἀπὸ βορρᾶι Gr. H.² 23 a II b (a. 107). Ἀπολλωνίαι AEF 20, 2 (n. 127). Ἀπολλωνίαι — Κυρηναίαι ibid. 18, 3 u. 4 (a. 132).

240) Lautensach p. 24. τρυγᾶν R. L. 24, 14 u. 16; 32, 7 (a. 259/8). ὁρᾶν I Fl. P. 1 B 3 (c. 245). προσδιεγγυᾶν Par. 62, 3, 5 (c. 170). περισπᾶν ibid. 63, 3, 91 (a. 165). καταγηρᾶν ibid. 39, 15 (a. 161). ἐρᾶν AEF 1, 1, 11 (nach 173). ἀπαντᾶν ibid. 13, 5 (a. 152 oder 141); Taur. I, 3, 5 (a. 117) u. s. w.

241) πραέως Par. 63, 8, 6 (a. 165).

242) ἀποθνήισκειν I Fl. P. 5, 1 a, 7 (Phädo c. 300). λῃστής I Fl. P. 9, 1, 15; II Fl. P. 49, e II 3 (c. 250).

β. mit wenigen Ausnahmen die Verbalformen auf ηι, ηις [ἤιμεθα].[243])

γ. die Adverbien ἡσυχῆι, κοινῆι.[244])

ηι wird η.

2. Schon um die Mitte des 3. Jahrh. vor Chr. scheint der Exponent ι, der dem einem geschlossenen e angenäherten η lautverwandt war, verstummt zu sein und wird von flüchtigen Schreibern öfters weggelassen. In den Flinders Petrie Papyri I u. II zähle ich (unter Beiseitelassung der klassischen Texte) gegenüber von etwa 200 richtig gesetzten -ηι im Anlaut 1 η, im Auslaut 10. Es sind vorerst lauter Verbalformen, noch kein Dativ.[245]) In den 107 Kolumnen und 6 Fragmenten der Revenue Laws of Ptolemy Philadelphus (a. 259/8), die den officiell redigierten Amtsstil vertreten, finden sich nur 4 Konjunktive auf η.[246])

Infolge dessen begegnet die umgekehrte Schreibung

3. ηι statt η in ζῆιν und dem Nominativ μέσηι.[247])

B. Im II.—I. Jahrhundert vor Chr.

4. Der Ausfall des ι nimmt immer mehr überhand

a. im An- u. Inlaut: ἀποθνήσκειν, λῃστής, ὑπομιμνήσκειν; κατητίω (v. καταιτιᾶσθαι), ἤσχυνται.[248])

b. Im Auslaut hält sich das ηι des Dativs in der Mehrzahl der Fälle (ηι : η = 5 : 1); weniger fest in den Verbalformen auf ηι, ηις, wo ηι : η = 7 : 5. — Man liest häufiger εἰκῇ, ἡσυχῇ, κοινῇ, πάντῃ als die Formen mit ηι.[249])

5. An der Wende zum 1. Jahrh. vor Chr. (Grenfell and Hunt II Serie) halten sich im Dativ wie im Konjunktiv die Formen mit ηι u. η genau die Wage.[250])

6. Ohne Jota schreibt sich der Infin. der Contracta auf ῆν.[251])

7. Obigen Verhältnissen entsprechend wächst die Zahl der Stellen, in denen mifsbräuchlich ηι für η gesetzt erscheint. Mit einer gewissen Gesetzmäfsigkeit kehren folgende Fälle wieder:

a. Im Auslaut:

α. Der Nominat. sing. auf ηι: in ἥι, ὅληι, μορφῆι, μεσορήι, μέσηι, Περσίνηι, ὠνῆι.[252])

243) ἤιμεθα(?) II Fl. P. 23, 1, 7 (c. 246). Das ι beruht vermutlich auf Analogiewirkung v. ἧις, ἧι.

244) ἡσυχῆι I Fl. P. 19, 5 (a. 225). οιηῆι ibid. 12, 13 (a. 238).

245) ἡτήσατο II Fl. P. 12, 2, 4 (a. 241). — II Fl. P. 2, 1, 10 δοθῇ; ibid. 21 ἀναγράφῃ (a. 260): 4, 2, 7 χορηγηθῇ. 4, 7, 6 βλαβῆς (Konj.) a. 255. 11, 1, 8 ὑγιαίνης (3. Jahrh.); 13, 1, 6 7 χρηματισθῇ[ι] καὶ ἐπλειφθῇ (a. 253); 13, 8a, 5 = 13 ἀναγασθῇι καὶ ὁμαλισθῇ (a. 255); 17, 1, 6 ἀπαταγγωσθῇ (3. Jahrh.); 23, 3, 7 ἐπυστείλης (3. Jahrh.).

246) R. L. 22, 2 λη[φθ]ῇ. 40, 8 καταβλαβῇ. 44, 16 ἀναγάγῃ. 47, 9 ποιῇ.

247) ζῆιν I Fl. P. 5, 1a, 3 (Phädo c. 300). μέσηι (Nominat.) I Fl. P. 21, 19 (a. 237).

248) ἀποθνήσκει Par. 23, 12 (a. 165). ἀποθνήσκοντα Taur. VIII, 31 (a. 119). — λῃστάς Par. 12, 10 (a. 157). λῃστῶν ibid. 46, 7 (a. 153). — ὑπομιμνήσκειν Par. 63, 6, 187 (c. 170). — κατητίω Par. 64, 2 (c. 160). ἤσχυνται ibid. 49, 25 (c. 160).

249) εἰκῇ Leid. G. 15. H 24 (a. 99). ἡσυχῇ AEF 33, 8 (a. 103). κοινῇ Par. 63, 6, 174 (a. 165). πάντῃ AEF 34, 7 (a. 102/1). Dagegen ἡσυχῆι Leid. N. 1, 7 (a. 103). κοινῆι Par. 63, 1, 10 (a. 165); ibid. 13, 12 (a. 157).

250) Ich notiere je 12 Dative und je 2 Konjunktive auf ηι u. η.

251) ζῆν Par. 63, 3, 103; 9, 48 (a. 165).

252) ἥι Par. 1, 453 (vor 165). [Kumanudes p. 144.] ὅληι ibid. 455. μορφῆι Par. 30, 29 (a. 162). μεσορήι ibid. 32, 34 (a. 162). μέσηι — Περσίνηι Leid. N 2, 7 u. 8 (a. 103). ὠνῆι Taur. XII, 7 (a. 119). [Vielleicht liegt schon eine Spur vom späteren Dativschwund in dieser Setzung der Dativformen statt des Nominativs?]

β. Der Optativ auf -είη in: εἴηι, θείηι.²⁵³)
γ. Der Accus. sing. u. nomin. neutr. plur. der σ-Stämme auf -ηι: τὸν αὐτωτελῆι (sic), συγγενῆι, ἔτηι, ψευδῆι (Erlogenes).²⁵⁴)   Aufserdem
δ. in ἧι (oder), μήι, συνετάγηι.²⁵⁵)
b. Im Inlaut: ζυτηιρᾶι (Biersteuer), ὑποδιοικηιτῆι.²⁵⁶)
8. Zum Übergang von ηι in ει und umgekehrt vgl. § 11, 4 ff.; zu ηι u. αι § 10, 9.

§ 18.
ωι [ωυ].

1. Der Diphthong ωι steht richtig in folgenden Fällen:
a. im In- u. Anlaut: ἀώιλια (ἀυώιλια)²⁵⁷); ἐνώιδιον (Ohrengehänge)²⁵⁸); ζῶιον, ζώιδιον²⁵⁹); Ζωίλος²⁶⁰); Ἡρώιδης²⁶¹); Κῶιος (v. Kos)²⁶²); κώιδιον, κωιδάριον (Fell)²⁶³); Λῶιος (Monat)²⁶⁴); μῶιον (eine Lade, ein Mafs?)²⁶⁵); νῶιν²⁶⁶); σώιζεσθαι²⁶⁷); ὠιά (Eier), ὠιοειδής²⁶⁸); dann in manchen ägyptischen Eigennamen, wie Ἀῶιτος, Ἰναρῶιτος, Λῶιτος, Ῥωιρρίωι u. ä.²⁶⁹); ferner in augmentierten Verbalformen: ἀνεωιγμέναι, ἐπαρώινησαν, ἠνώιξαμεν, ὠικοδομήκασι, ὠικονομημένος, ὤικουν, ὠικηκότα, συνώικησε, διωικημένος, ἐνώικεισται, ὤιχετο.²⁷⁰)

---

253) εἴηι Brit. p. 30, 3 = Vat. A. 3 (a. 172); Par. 1, 342 (vor 165); 42, 2 (a. 156.; AEF 21, 2 (a. 126). Taur. I, 9, 6 (a. 117). θείηι Par. 15, 59 (a. 120); Taur. I 7, 19; 8, 24 (a. 117). Analogie vom Konjunktiv.
254) τὸν αὐτωτελῆι Brit. p. 42, 129 (a. 158). συγγενῆι AEF 21, 6 (a. 126). ἔτηι Brit. p. 38, 16 (a. 158). ψευδῆι Par. 47, 6 (a. 153).
255) ἧι Taur. IV, 24 (a. 117). μήι Par. 63, 2, 39 (a. 165). συνετάγηι Leid. B 14 (a. 164).
256) ζυτηιρᾶι Par. 63, 4, 98 (α. 165). ὑποδιοικηιτῆι Brit. p. 26, 1 (a. 161).
257) ἀώιλια II Fl. P. 4, 11, 4 (a. 255); ibid. Z. 2 von unten; ibid. 15, 1a, 4 (a. 241); 36, 1, 2; 3; 15; 29. ἀυώιλια ibid. 36, 2, 7 (3. Jahrh.). Das rätselhafte Wort soll nach Mahaffy, II Fl. P. Einleitung 40 ein Längenmafs bezeichnen.
258) ἐνώιδια II Fl. P. 12, 24 (c. 238); auch attisch. Mhs. 51.
259) ζώιων II Fl. P. 4, 13, 5 (α. 255). ζωιδίον Par. 1, 93; 98; 134 u. oft; ζωιδίων ibid. 248; 252; 257 u. oft (vor 165).
260) Ζωίλου II Fl. P. 38, c, 6 u. 63 (a. 242).
261) Ἡρώιδης II Fl. P. 43, a, 24 (3. Jahrh.); Par. 63, 1, 1 (a. 165).
262) Κῶιος I Fl. P. 19, 33 (a. 225). Κῶιοι II Fl. P. 21, c, 9 (3. Jahrh.); Κῶιαν I Fl. P. 12, 17 (c. 250).
263) κώιδια II Fl. P. 32, 1, 28 (3. Jahrh.); κωιδ[άρ]ια ibid. 32, 1, 9 (c. 238).
264) Λῶιος II Fl. P. 21, d, 4 (3. Jahrh.); I Fl. P. 28, 1, 6 u. 9 (a. 225), R. L. 38, 1 (a. 259); einmal Λώειος Par. 4 (unbest.).
265) μῶιον AEF 14, 13 (a. 150 oder 139); μῶια ibid. 16; II Fl. P. Addenda p. 43 Nr. X 4.
266) νῶιν II Fl. P. 4, 13, 5 (a. 255).
267) διασώιζεσθαι Par. 63, 11, 52 (a. 165).
268) ὠιά II Fl. P Einleit. p. 32, Z. 5 (3. Jahrh.). ὠιοειδεῖς Par. 1, 437 (Blafs) vor 165.
269) Ἀῶιτος — Λᾶιτος II Fl. P. 39, b, 12 u. 15 (3. Jahrh.). Ἰναρῶιτος Brit. p. 49, 2 (3. Jahrh.). — Genetivformen. Ῥωιρρίωι (?) II Fl P. 23, 3, 8 (3. Jahrh.).
270) ἀνεωιγμέναι II Fl. P. 37, 1a Recto 7; ibid. 2a verso 5 (3. Jahrh.). ἐπαρώινησαν II Fl. P. 32, 2a, 16 (3. Jahrh.). ἠνώιξαμεν ibid. 37, 1a Recto 12; ibid. 16 ἄν[σι]ξα (?) 3. Jahrh. ὠικοδομημένης Par. 5, 1, 6 u. 8 (a. 114). ἐνωικοδομηκέτας — προσωικοδομήκασιν II Fl. P. 12, 12 (a. 241). ὠικονομημένον II Fl. P. 11, 2, 2 (3. Jahrh.). ὤικουν II Fl. F. 32, 1, 18 (a. 238). ὠικηκότα Par. 15, 66 (a. 120). συνώικησε ibid. 22, 6 (a. 165). διωικημένων Par. 67, 6 (1. Jahrh.). ἐνώικεισται (— -ισται) II Fl. P. 8, 2c, 5 (a. 246). ὤιχετο II Fl. P. 32, 1, 18 (c. 238).

b. im **Auslaut**:

α. im Dat. sing. der o-Deklination;

β. in Konjunktiven auf ῶι (ἀποδῶι).[271]

ωι **wird** ω.

2. Auch bei ωι wurde, wie bei ηι, nur etwas später, das ι vom ω übertönt und aufgesogen. Für Aussprache von ωι = ō spricht besonders das unter Nr. 7 Angeführte (ωι = o). In einem Papyrus des 3. Jahrh. v. Chr. stehen ganz vereinzelt 5 Dative auf ω, worin man mit gutem Grund Ungewandtheit des Schreibers vermuten kann.[272] Im 2. Jahrh. verhält sich ωι : ω im Dativ der o-Deklin. — 5 : 1; im An- und Inlaut aber = 2 : 1.

So entstanden Formen wie: ἀνεωγμένης, νῶν, ὠκοδομηκέναι, ὠκοδομημένος, ὤμην, ζώζουσα (sic pro σώζουσα), διασεσῶσθαι, ἀποδῶ.[273]

3. Zur Veranschaulichung des allmählichen Übergangs von ᾱι, ηι und ωι in α, η, ω mag folgende Tabelle dienen, die fürs 3. Jahrh. v. Chr. aus Flind. Petr. I und II (mit Ausschluſs der

Im III. Jahrh. v. Chr.	ᾱι		ηι		ωι	
Durch	αι	α	ηι	η	ωι	ω
im An- und Inlaut	11	0	⟨3 in klass. Texten⟩	1 (ἠτήσατο)	32	0
im Auslaut	32	0	c. 200	10	c. 400	5 (im selben Stück)
zusammen	43	0	c. 200	11	c. 440	5
Im II. Jahrh. v. Chr.						
im An- und Inlaut	1 (ῥαιδίως)	1 (ῥαθυμῆσαι)	0	7	31	16
im Auslaut	112	13	Dat. 350 Konj. 64 — 414	Dat. 76 Konj. 45 — 121	775	156
zusammen	113	14	414	128	806	172
Verhältnis	8 :	1	3,3 :	1	4,7 :	1
Um 100 v. Chr.						
(Gr. u. H²)	5	6	14	14	51	30
Verhältnis	1 :	1	1 :	1	5 :	3

Es wird ausgedrückt

---

271) ἀποδῶι AEF 23, 15 (a. 118); 29, 9 (a. 105); 31, 10 (a. 104). Gr. H.³ 16, 9 (a. 137). Par. 7, 11 (a. 99).

272) II Fl. P. 39, d, 14 Ἀκουειλάω, παιδαρίω; 15 κλειδοποιῶ; 20 u. 22 ἱερείω. Dazu bemerkt *Mahaffy*: „The omission of the ι postscript in dative forms, so common in later papyri, appears here only (I think) in these papers, and in a fine and careful hand."

273) ἀνεωγμένης AEF 21, 10 (a. 126); 44, 1, 5 (2. Jahrh.). — νῶν AEF 38, 9 (c. 100). — περιωκοδο-

5*

klassischen Stücke), fürs 2. Jahrh. aus AEF, Brit., Leid., Par., Taur., Wilck. Act., und für die Wende vom 2. zum 1. Jahrh. aus Gr. H² hergestellt ist.

4. ωι statt ω findet sich verhältnismäfsig sehr früh — in einzelnen Fällen seit der Mitte des 3. Jahrh. vor Chr. — so dafs offenbar nicht überall polare Wirkungen (von der Schreibung ω für ωι) vorliegen, sondern schwankende Orthographie, in einigen Fällen vielleicht auch Grammatikertheorien, mitgewirkt haben mögen.

So schon im 3. Jahrh. (nur im Auslaut, wo auch ω für ωι schon zu dieser Zeit vorkommt) ἕως ἂν ζῶι, δοκῶι (Konjunkt.), ἔστωι, τιθέσθωι.[274])

Auf ganz ähnliche Fälle, mit sichtlicher Regelmäfsigkeit, beschränken sich auch die weit zahlreicheren Beispiele der nächsten 2 Jahrhunderte:

a. im Auslaut:

α. Die 1. pers. sing. act. des Verbums, namentlich der contracta, auf ω: ἀποστήσωι, ἀξιῶι, ἐπιτελῶι, ζητῶι, λιτουργῶι.[275])

β. Die 3. pers. imperat. auf -τω: ἀποδότωι, ἀποκαταστησάτωι, ἀποτεισάτωι, ἔστωι.[276])

γ. Lokaladverbia auf ω: ἀποτέρωι (= ἀπωτέρω), κάτωι, vielleicht einer Grammatikertheorie zu liebe, die in diesen ablativischen Formen Dative sah.[277])

δ. Νεκτοναβῶι (ägyptischer König) funktioniert als Accusativ wie als Genetiv. Nominativ vermutlich Νεκτοναβώ.[278])

Endlich ganz unorganisch

ε. ἐγώι.[279])

b. im Inlaut: ἀειζώιων, πλανώιμενοι.[280])

5. Ohne ι mit ω werden geschrieben: ζωγλύφος, πρώην und die vom Stamme σω abgeleiteten Tempora von σώιζω, wie σωθῆναι, σέσωκα, σέσωμαι.[281])

μηκεν'(αι) Brit. p. 36, 24 (a. 160). ὠκοδομημένον Gr. H.² 35, 6 (a. 98). Leid. M 1, 7; 12; 23 (a. 114). — ὤμην Par. 50, 17 u. 21; 51, 2 u. 29 (a. 160); Leid. C p. 118 (2 mal) a. 160. — ζάζουσα Leid. U 2, 19 (2. Jahrh.). διασεσῶσθαι Vat. A 6 (Mai t. V p. 601) a. 172. [Über die Richtigkeit von σεσῶισθαι, obwohl häufiger σεσῶσθαι nachgewiesen ist, vgl. K. Bl. II unter σῴζω.] — ἀποδῶ Gr. H.² 24, 16 (a. 107).

274) ἕως ἂν ζῶι I Fl. P. 15, 19 (a. 237) [aber ibid. 16, 1, 16 ζῶ]. δοκῶι II Fl. P. 13, 6, 20 (a. 255). ἔστωι ibid. 8, 1 A, 3 (a. 259) τιθέσθωι ibid. 38, b, 6 (a. 242).

275) ἀποστήσωι Brit. p. 46, 27 (a. 146—135). ἀξιῶι Par. 8, 17 (a. 129). ἐπιτελῶι (Konj.) Leid. G 21 (a. 99). ζητῶι Brit. p. 11, 45 = 16, 8 (a. 161). λιτουργῶι Brit. p. 28, 14 (c. 160).

276) ἀποδότωι Par. 7, 8 (a. 99); AEF 31, 3 (a. 104/3). ἀποκαταστησάτωι Par. 7, 10; ἀποτεισάτω ibid. 12 (a. 99). AEF 27, 3, 3 (a. 109); 29, 11 (a. 105); Gr. H.² 26, 19 (a. 103). ἔστωι AEF 27, 3, 3 (a. 109); Par 7, 14 (a. 99).

277) ἀποτέρωι Par. 1, 418 (2 mal) vor 165. κάτωι Par. 63, 7, 1 (a. 165) Sonst durchweg ἄνω, ἐπάνω, ἔσω, κάτω etc. G. Meyer² 188.

278) Νεκτοναβῶι Leid. U 1, 10; 3, 3 (2. Jahrh.). Über andere Formen des Namens vgl. Namenlexikon von Pape-Benseler s. v.

279) ἐγώι Brit. p. 28, 13 (a. 161) — Zeile vorher ἐγώ.

280) ἀειζώιων Leid. G 11 (a. 99). [πλα]νώιμενοι (Blafs) Par. 1, 475 (vor 165).

281) ζωγλύφος Brit. p. 46, 15 (a. 146 ff.). πρώην Par. 26, 24 (a. 163). σωθῆναι Par. 47, 12 (a. 153). διασωθείς ibid. 29, 4 (a. 163). διασωθῆι Vat. A 18 (a. 172). διασεσωκυῖα ibid. 12. σέσωμαι Par. 12, 18 (a. 157). Über σεσῶισθαι vgl. oben Note 273.

6. ωι wird οι einmal im Konjunktiv ϑοῖ = ϑῶι und im Dativ οῖ = ὧι.[282])

7. Schwanken zwischen ωι und ο.

    a. ωι wird ο in δ = ὧι (durch ῶ); τὸ αὐτὸ τρόπωι; ἐν οἴκο; καὶ ὅμην (= ὥιμην); ἐν ὀλίο (= ὀλίγωι) χρώνω (sic).[283])

    b. ο wird ωι in εἰς αὐτῶι (= αὐτό) und in der heillos verschriebenen Miſsform ἐνεδέκετωι (= ἐνεδέχετο).[284])

    Anhang:

    Die im Attischen nur durch Krasis, und auch da selten, entstehende Lautverbindung ωυ (z. B. ωὑριπίδη = ὁ Εὑριπίδη)[285]) begegnet in den Papyri nicht selten bei der Transscription ägyptischer Eigennamen, wohl zum Ausdruck eines ägyptischen Diphthonges, der dumpfer als ωι klang, mit welch letzterem übrigens ωυ ebenso wie mit ω manchmal im selben Wort wechseln kann.

        ωυ: in Θωύϑ (Θωύτ), Ἀρθωύϑου, Θαύυτος, Πετωύς, .. ολμωύς.[286])

        ωυ und ωι schwanken: in Ἰναρώυτος und Ἰναρώιτος.[287])

        ωυ und ω schwanken: in Θωύϑ und ϑῶϑ, Χεσθωύϑης und Χεσθώϑης.[288])

C. Wohllautslehre.

§ 19.

Elision.[289])

1. Mit welcher Inkonsequenz leichtere Elisionen (bei δέ, τέ, ὥστε; ἀλλά, ἀπό, διά, ὑπό, ἐπί παρά, κατά, τοῦτο, ταῦτα etc.) zu allen Zeiten in der Schrift bald vorgenommen, bald unterlassen werden, beweist eine Gegenüberstellung der elidierten und nicht elidierten Formen. Die Rev. L. vom Jahre 259/8 v. Chr. enthalten 58 leichte Elisionen gegenüber von 85 vollen Formen (also 2 : 3). Ein ähnliches Verhältnis ergiebt zu Anfang des 2. Jahrh. v. Chr. der Eudoxuspapyrus, in dem 32 mal elidiert, 50 mal nicht elidiert ist, während der annähernd gleichzeitige Chrysippuspapyrus (Par. 2) umgekehrt 53 Elisionen und 15 volle Schreibungen aufweist. In sämtlichen Par. Pap. des 2./1. Jahrh. zusammen verhalten sich die elidierten Worte dieser Art zu den nicht elidierten = 237 : 200.

---

282) ὅπως ϑοῖ II Fl. P. 9, 5, 5 (a. 241—39). οἱ Leid. U 4, 9 (2. Jahrh.). Dagegen ist Brit. p. 38, 21 statt οἱ zu lesen οἱ[ς], wie es im parallelen Text Vat. D 19 heiſst.

283) ἐν δ Par. 40, 38 (a. 156). τὸ αὐτὸ τρόπωι Par. 1, 327 (vor 165). ἐν οἴκο Brit. p. 21, 6 (a. 161). καὶ ὅμην (Witk. statt καιόμενον) Par. 51, 37 (a. 160). ἐν ὀλίο χρώνω Par. 51, 27 (a. 160).

284) εἰς αὐτῶι Par. 63, 4, 118 (a. 165). Also scheinbar εἰς c. dat. Schm. Att. III, 59 schreibt das ωι der „Brutalität des Accentes" zu und erklärt es mit αὐτό. — ἐνεδέκετωι Brit. p. 11, 44 (a. 160) — in der Kopie p. 16, 8 richtig ἐνεδέχετο.

285) K. Bl. I, 62.

286) Θωύϑ II Fl. P. 4, 9, 6 u. 13 (a. 255); ibid. 18, 2ε, 1 (a. 246). Par. 54, 2 (a. 163); Gr. H² 20, col. 1, 1 (a. 114) u. sehr oft. Θωύτ II Fl. P. 26, 7, 1; 8; 3 (c. 250). — Ἀρθωύτον ibid. 23, 4 (3. Jahrh.). Θαύυτος ibid. 27, a, 29 (a. 236). Πετωύς ibid. 25, ι, 7 (a. 226); Par. 60ᵇ 7 (a. 150). .. ολμωύς II Fl. P. 4, 12, 1 (a. 255).

287) Ἰναρώυτος II Fl. P. 10, 1, 3 (vor 240); 39, b, 11; c, 13 (3. Jahrh.). — Ἰναρώιτος Brit. p. 49, 2 (3. Jahrh.).

288) ϑῶϑ AEF 35, 9 (a. 99). Χεσθωύϑης II Fl. P. 28, 5, 1; 10, 26 (3. Jahrh.). — Χεσθώϑης ibid. 28, 1, 9; 8, 15 (3. Jahrh.).

289) G. Meyer² 224. K. Bl. I, 230. Mhs. 54.

2. **Stärkere Elisionen** sind, wie überhaupt in Prosa, ziemlich selten. Dahin gehören:

a. Der Diphthong *αι* in Verbalendungen, sehr selten auch bei *καί*[290]);

b. einmal *οι* in *σοί*[291]);

c. solche Fälle, in denen die Elision an Stelle des gewöhnlichen *ν ἐφελκυστικόν* tritt, wie *ἔστ᾽, γέγον᾽*.[292])

d. Auch Beispiele wie *πεντεκαίδεχ᾽ ἡμέρας, ἐπίδωκ᾽ ἔντευξιν* sind nicht gerade gewöhnlich. *δ᾽ ἡμέρας* statt *δι᾽ ἡμέρας* scheint ein Versehen zu sein.[293])

3. Eine Sonderstellung nimmt das erotische Fragment (AEF 1, nach 173) ein, das der poetischen Rhythmik und Deklamation entsprechend nirgends die Bezeichnung der Elision unterläfst und auf 24 Linien 14, teilweise stärkere, Elisionen enthält.[294])

4. Im übrigen steht auch in Gedichten die scriptio plena sehr häufig da, wo die Elision metrisch gefordert ist, woraus man mit Sicherheit auch für die Prosa schliefsen darf, dafs überall Elision gesprochen wurde, auch wo sie graphisch nicht ausgedrückt ist.[295]) So z. B. *ἥκει τὰ πάντα εἰς τὸ αὐτό, ὅτ᾽ ἀνέλθη ὁ χρόνος.*[296])

5. Vor Eigennamen wird, namentlich in officiellen Stücken, die Präposition (*ἀπό, κατά, μετά, παρά, ὑπό*) mit Vorliebe nicht mit Elision geschrieben.[297])

---

290) *διεξέρχετ᾽ ἐν* Par. 1, 120; 126; 132; 135 — aber 139 *διεξέρχεται ἐν* u. 163 *διεξέρχεται ὑπο* (vor 165). *προσενεχθήσεσθ᾽ αὐτῶι* Par. 46, 21 (a. 153). *ὀφείλετ᾽ αὐταῖς* Brit. p. 13, 8 (a. 162). *διαστείληι᾽ αὐτοῖς* (Wilcken) Brit. p. 36, 29 (a. 160). *δύνατ᾽ ἐκνομίσασθαι* ibid. p. 13, 23 (a. 162). *χρῶνθ᾽ ὡς, περιωκοδομηκέν᾽ αὐτούς, χρησθ᾽ ὡς* ibid. p. 36, 16; 23; 25. — Bei *καί*: Artem. Pap. (Blafs) 6 κ᾽ *ἐγ γῆι* κ᾽ *ἐν θαλάσσηι*; 15 κ᾽ οὐκ (3. Jahrh.). κ᾽ *οὐθέν* Brit. p. 46, 25 (a 146—35); Wilck. Act. IV, 2, 27 (a. 131). Die Fälle *κοὐκ, κοὐθέν* könnten auch Krasis sein. Vgl. G. Meyer² 225. Bl. A² 43 u. 54.

291) ἆ σ᾽ οὐ — ἆ σοι οὐ Par. 45, 3 (a. 153).

292) *ἐσθ᾽ ὁ ἥλιος* Par. 1, 446 u. 458 (vor 165). In Poesie: *γέγον᾽ αἵρεσις, ἐστ᾽ ἀνάδοχος* AEF 1, 1, 1 u. 2 (nach 173).

293) *πεντεκαίδεχ᾽ ἡμέρας* Par. 1, 277 (vor 165). *ἐπίδωκ᾽ ἔντευξιν* Leid. H 24 (a. 99). *δ᾽ ἡμέρας* Par. 63, 3, 87 (a. 165).

294) AEF 1, 1: *γέγον᾽ αἵρεσις.* 2 *ἐστ᾽ ἀνάδοχος — μ᾽ ἔχει.* 5 μ᾽ *ἔρως — ἔχουσ᾽ ἐν.* 10 μ᾽ *ἀδικεῖ — μ᾽ ὀδυνᾶι.* 13 μ᾽ *ἔχει.* 16 μ᾽ *ἀφῆις.* 17 μ᾽ *εὐδοκῶ.* 19 δ᾽ *ἐνί.* 21 *γίνωσξ᾽ ὅτι.* 22 *μαίνομ᾽, ὅταν ἀναμνησθῶμ᾽, εἰ.*

295) K. Bl. I, 232. G. Meyer² 224.

296) Par. 1, Akrostich 12 (vor 165). Ferner I Fl. P. 1 A 1 (Antiopefragm. c. 245) *μηδὲ ὅπως.* 15 τι *εὐτυχὲς*; 2, 44 δὲ *Ἰσμήνον* Par. 2 (Chrysippuspap. vor 165) col. 12 *ὧδε μάλα ἐικάγλως* (Homercitat); col. 2 *Οὗτοι με ξένον οὐδὲ ἀδαήμονα* (Pindar); col. 3, 14 *οὐκ ἄγαμαι ταῦτα ἀνδρός* (Euripides); col. 4 *οὐκ ἔστιν ὅστις πάντα ἀνὴρ εὐδαιμονεῖ* (Sophokles).

297) *Ἀπὸ Ὡρίωνος* Par. 1, 492; 502 (vor 165). *κατὰ Ὧρον* Par. 16, 7 (a. 141); Taur. I, 18 (a. 117). *μετὰ Ἀρτέμωνος* II Fl. P. 25, b, 19 (a. 226); *μετὰ Ἰμούθου* Par. 37, 14 (a. 163). *παρὰ Ἀνδρονίκου* I Fl. P. 26, 3 u. 5 (a. 241); *παρὰ Ἀμμωνίου* II Fl. P. 10, 2, 1 (a. 240); *παρὰ Ἀρμάιος* Brit. p. 32, 2 (a. 163); *παρὰ Ἀπολλωνίου* Par. 40, 4 (a. 156); *παρὰ Ἐλήνιος* Taur. I, 5, 7; 9; 11 (a. 117). *ὑπὸ Ἀπολλωνίου* II Fl. P. 13, 1, 3 (a. 253); 4, 1, 2 (a. 255); *ὑπὸ Ὧρου* Taur. II, 6 (a. 120); *ὑπὸ Ἰσταίου* II Fl. P. 47, 35 (a. 192). Die Zahl der Beispiele liefse sich sehr vermehren. Natürlich fehlen auch nicht Fälle wie *παρ᾽ Ἀντικλέους* II Fl. P. 20, 1, 2 (a. 252) — 4, 2; *παρ᾽ Ἀσκληπιάδου* ibid. 25, a, 4; b, 4 (a. 226); *παρ᾽ Ἀμμωνίου* ibid. 30, d, 3; f, 4 (a. 225); *παρ᾽ Ὧρου* Brit. p. 30, 8 (a. 172).

§ 20.

Krasis.[298])

1. Die Krasis fristet in den ptolemäischen Papyri nur noch ein Scheinleben. Neue Verschmelzungen kommen nirgends vor; die alten stereotypen Verbindungen mit Artikel und καί werden mechanisch weitergeführt, manche mögen eher als Apokope denn als Krasis empfunden worden sein.[299])

2. Krasis tritt ein:

a. mit dem Artikel: z. B. τάληθές, τάπλανῆ, τἄλλα (nicht τάλλα, wie im Attischen), τάναντία, τάντίγραφον (τάντίγραμφον), τάργύριον, ταὐτό, ταὐτοσαυτό, ταὐτά, [το]ὐναντίον, τοὔνομα; falsch gebildet τάιδελφῶι statt τάδελφῶι.[300])

b. mit καί in: κάγώ, κάμοῦ, κάμοί, κάκεῖνα, κἄν (= καὶ ἐάν), καὐτός, καὐτοί [κούκ, κούθέν].[301])

3. Weit häufiger jedoch unterbleibt die Krasis und zu allen Zeiten begegnen unzählige Fälle, wie:

a. mit Artikel: τὰ ἄστρα, τὰ ἄλλα, τὰ ἀμπελικά, τὰ ἀναγκαῖα, τὰ ἀντίγραφα, τὰ αὐτά; τὰ ἔργα, τὸ ἄλλο, τὸ ἀχανῆ, τὸ ἀντίγραφον, τὸ αὐτό, τὸ ὄνομα, τὸ ἔλασσον, τὸ ἐλάχιστον, τὸ ἐπιβάλλον, τὸ ἱμάτιον (im Attischen θοἱμάτιον), τοῦ αὐτοῦ u. s. w.[302])

b. mit καί: καὶ αὐτός, καὶ αὐτοί.[303])

---

298) K. Bl. I, 218 ff. Mhs. 55.

299) Schm. Attic. III, 294: „In den Papyri der Ptolemäerzeit finde ich nichts, was der Annahme widerspräche, dafs schon die κοινή des 2. Jahrh. vor Chr. die Krasis so wenig wie die Neugriechen gekannt, vielmehr nur Elision angewendet habe." Vgl. Hatzidakis 312 ff.

300) τάληθές Par. 2, col. 7 (2 mal) (vor 160). τάπλανῆ Par. 1, 175 (vor 165). τἄλλα Par. 29, 23 (a. 160); Taur. VIII, 56 (a. 119); Par. 42, 1 (a. 156); 62, 5, 18 (c. 170); 63, 1, 5; 6, 183 (a. 165). AEF 21, 8 (a. 126); Brit. p. 30, 2 (a. 172). τάναντία II Fl. P. 46, a, 6 (a. 200). τάντίγραφα II Fl. P. 4, 4, 2 (a. 255); ibid. 13, 9, 5 (a. 256). τάντίγραμφον Brit. p. 39, 55 = 40, 58 (a. 158). τάργύριον II Fl. P. 4, 5, 2 (a. 255). ταὐτό II Fl. P. 13, 19, 11 (a. 258 ff.); 33 a B 19 (a. 242); R. L. 18, 15 (a. 259). ταὐτοσαυτό (= — οὖ) Artem. P. 3. 4. 5 (3. Jahrh.). ταὐτά R. L. 20, 11 (a. 259), Par. 63, 7, 21 (a. 165); 8, 11 (a. 129). το]ὐναντίον Par. 63, 12, 85 (a. 165). τοὔνομα R. L. 104, 3 (a. 259). τάιδελφῶι AEF 23, 1 (2. Jahrh.).

301) κάγώ Par. 49, 34 (a. 153). κάμοῦ II Fl. P. 32, 1, 6 (c. 238). Brit. p. 13—26 (a. 162). κάμοί Artem. P. 17 (3. Jahrh.); Brit. p. 38, 19 (a. 158). κἄν II Fl. P. 50, 1, 5 (Laches. c. 300); Par. 63, 5, 133; 6, 176 (a. 165); 47, 11 (a. 153); 8, 11 (a. 129); Brit. p. 33, 27 (a. 165); Wilck. Act. I, 1, 19 (a. 131). — κάκεῖνα Par. 2, col. 15 (vor 165). καὐτός Artem. P. 6 (3. Jahrh.); Par. 32, 5 (a. 162); 37, 32 (a. 163); 38, 29 (a. 160). καὐτοί Par. 42, 1 (a. 156); 43, 2 (a. 154); 44, 1 (a. 153). Über κούκ und κούθέν vgl. oben Note 290.

302) τὰ ἄστρα Par. 1, 187; 205; 319; 322 (vor 165). τὰ ἄλλα Par. 44, 2 (a. 153); 45, 1 (a. 153). τὰ ἀμπελικά II Fl. P. 13, 17, 3 (a. 255); ibid. 18, b, 5 u. 20 (a. 246). τὰ ἀναγκαῖα Par. 22, 30 (a. 165). τὰ ἀντίγραφα II Fl. P. 13, 13, 2 (a. 255). τὰ αὐτά Par. 1, 204 (vor 165); 61, 2 (a. 156). τὰ ἔργα Par. 66, 71 (3. Jahrh. v. Chr.). τὸ ἄλλο Par. 5, 2, 2; col. 17, 8; col. 45, 5 (a. 114). τὸ ἀχανῆ Par. 6, 18 (a. 127). τὸ ἀντίγραφον Par. 63, 8 (a. 165); Brit. p. 10, 10 = 11, 32 (a. 162). τὸ αὐτό Par. 1, 327; 396. Akrostich. 12 (vor 165); 66, 69 (3. Jahrh.). τὸ ὄνομα R. L. 11, 14; 91, 5; 93, 8 (a. 259/8); Par. 62, 8, 4 (c. 170); AEF 43, 6 (2. Jahrh.). τὸ ἔλασσον Par. 63, 28 (a. 165). τὸ ἐλάχιστον Par. 63, 34 (a. 165). τὸ ἐπιβάλλον ibid. 63, 11, 56. τὸ ἱμάτιον Par. 12, 14 (a. 157). τοῦ αὐτοῦ Par. 66, 59 (3. Jahrh.) u. s. w.

303) καὶ αὐτός Par. 45, 2 (a. 153); 46, 4 (a. 153); 51, 6 (a. 160); Brit. p. 38, 13 (a. 158) u. s. w. καὶ αὐτοί II Fl. P. 40, a, 9 (a. 260) u. oft.

c. Stets fehlt die Krasis in den mit προ- zusammengesetzten Verbalformen, wie προεβάλετο, προενεγκαμένου, προεπισκηψάμενοι, προεστηκώς etc.[304])

Anmerkung. In πλινθουλκοί (ziegelstreichend) empfand man schwerlich Krasis, sondern eine Zusammensetzung aus πλινθ-ουλκοί.[305])

d. Wie die Elision, wird auch die Krasis im Verse, da wo das Metrum sie fordert, nicht graphisch zum Ausdruck gebracht; z. B.:

Οὐκ ἐγ γυναιξὶ τοὺς νεανίας χρεών, ἀλλ' ἐν σιδήρωι καὶ ἐν ὅπλοις τιμὰς ἔχειν.[306])

§ 21.
Aphaeresis (Elisio inversa).

1. Die Aphäresis, die von der Krasis in manchen Fällen kaum zu unterscheiden ist, besteht ursprünglich darin, „dafs, wenn auf ein mit einem langen Vokal oder Diphthongen endigendes Wort ein mit einem kurzen Vokal anlautendes Wort folgt, dieser abgeworfen (und durch den Apostroph bezeichnet) wird."[307]) Beispiele dieser Art, wie sie in klassischer Prosa höchst selten sind, bieten 2 Papyri des 2. Jahrh. v. Chr. in οἱ 'δελφοί und νότου 'μπελών.[308])

2. Nach einem kurzen Schlufsvokal tritt Aphäresis ein in: δὲ 'πλανεῖς = δὲ ἀπλανεῖς; ἀπὸ 'πηλιότης (sic) = ἀπὸ ἀπηλιώτου; τὸ 'γλογιστήριον = τὸ ἐγλογιστήριον, ὁ 'πελθών = ὁ ἐπελθών.[309]) Vielleicht erklären sich manche dieser Erscheinungen durch die in den Papyri nicht seltene, im Neugriechischen häufige Verstümmlung des vokalischen Anlauts.[310]) So liest man schon im 3. Jahrh.: τὸν κονογράφον statt ἰκονογράφον[311]); das neugriech. νά (= ἵνα) steht (wohl durch ein Versehen?) schon Par. 1, col. 24, 1[312]); ebenso einmal τοὺς παρ' αὐτῶν [ἀ]πολελειμμένους (Letr. falsch πολεμιημένους).[313]) Besonders auffällig ist der wiederholte Abfall von ου bei οὐκ im Chrysippuspapyrus (Par. 2): so κοῖδα = οὐκ οἶδα (col. 7); κεξαθρήσας (col. 7 u. 8), κεφάμην (col. 12), κῆς = οὐκ ἧς (col. 12).[314]) Ja, nicht

---

304) προεβάλετο AEF 11, 2, 13 (a. 157). προενεγκαμένου II Fl. P. 20, 4, 11 (a. 252). προεπισκηψάμενοι Taur. I, 6, 7 (a. 117). προεστηκώς II Fl. P. 30, e, 4 (a. 235); R. L. 41, 16; 43, 3 (a. 259); Brit. p. 10, 4 a. 162); p. 25, 10 u. 22 = p. 26, 10 u. 20 (c. 160). προωσεστὼτος (sic) Leid. U 3, 8 (2. Jahrh.). προετεύγησαι R. L. 26, 17 (a. 259). προεφερόμεθα Brit. p. 13, 16 (a. 162). Taur. I, 6, 32; 8, 3 (a. 117).

305) πλινθουλκοί II Fl. P. 14, 1c, 3 (3. Jahrh.).

306) Euripidescitat Par. 2, col. 5. Ferner τὸ αὐτό Par. 1, Akrostich Z. 12 (vgl. § 19, 4). Im erotischen Fragment (AEF 1) müssen nach der metrischen Einteilung von Wilamowitz per crasin gelesen werden: I, 4 καὶ ὁ τὴν φιλίαν ἐκτικώς (= ᾠ). 8 καὶ ὁ (= χᾠ) πολύς ἔρως. 9 τὸ ἐν (= τοὖν) τῇ ψυχῇ. 11 ἐρᾶν μου αἰτίαν.

307) K. Bl. I, p. 440. Schm. Att. I, 404; II, 252.

308) οἱ 'δελφοί Par. 23, 13 (a. 165). νότου 'μπελών Gr. H.² 28, 12 (a. 103).

309) δὲ 'πλανεῖς Par. 1, 226 (vor 165). ἀπὸ πηλιότης Par. 51, 34 (a. 161). τὸ 'γλογιστήριον Brit. p. 41, 111 (a. 158). ὁ 'πελθών Gr. H.² 26, 19 (a. 103).

310) K. Bl. I, 183, 4. Hatzidakis 321 ff.

311) τὸν κονογράφον II Fl. P. 32, 2a, 13 (c. 238).

312) πονεῖτε, ὦ ἄνδρες, [ἵ]να μηκέτι ποιῆ[τε] (vor 165).

313) Par. 63, 1, 24 (a. 165).

314) Soll man darin eine ungewöhnliche Abkürzung erblicken oder nach einem paläographischen Grund suchen? Leichter erklärlich wäre die Erscheinung, wenn der Abfall jedesmal mit dem Anfang einer Zeile zusammenfiele, wie col. 13, 2 ου-κ ἧς, in welchem Falle der Schreiber das ου schon geschrieben zu haben glauben könnte; doch trifft dies nicht zu. Wenig überzeugend ist die Erklärung v. Th. Bergk, commentatio..

bloſs einfach vokalische, auch aus Vokalen und Konsonanten bestehende Silben sind wiederholt im Anlaut unterdrückt, wobei freilich der Verdacht einer Verschreibung manchmal nahe liegt, z. B.: *ἐν τοχῆι* — *ἐν κατοχῆι*; *τὸ θῆκον* — *τὸ καθῆκον*; *τὴν θήπουσαν*; *σημβρινός* = *μεσημβρινός*.[315]) Ein Beispiel für Verstümmelung vokalischen Auslautes vor Konsonanten ist *περ τῶν* = *περὶ τῶν*.[316])

3. *ἐθέλω* — *θέλω*. Das alte (homerisch-attische) *ἐθέλω* hat sich in den ptolemäischen Papyri nur in einem klassischen Text (Phädo) erhalten.[317]) Sonst steht, nicht nur in der alten Wendung *ἂν θεὸς θέληι*, sondern durchweg *θέλειν*, selbst in literarischen Stücken, wo die lectio vulgaris *ἐθέλειν* bietet. Das Imperfektum lautet *ἤθελον*.[318])

4. *ἐάν* — *ἄν*. Nur literarische Texte haben manchmal für die Bedingungspartikel *ἐάν* die verkürzte Form *ἄν*, so vor allem in der Phrase *ἂν θεὸς θέληι*; in den Urkunden steht regelmäſsig *ἐάν*.[319]) Umgekehrt findet sich *ἐάν* statt *ἄν* in Relativsätzen wie *ἐξ οὗ ἐὰν αἱρῆται*, was bei Späteren häufiger vorkommt.[320]) Über das ionische *ἤν* vgl. § 5, 11; über *ἐ⟨ι⟩άν* § 11, 15.

§ 22.
Syncope und Hyphaeresis.

1. **Syncope**, d. h. Ausstoſsung eines (unbetonten) Vokals in der Mitte des Wortes zwischen 2 Konsonanten[321]), läſst sich nachweisen in folgenden Fällen: *περιστ(ε)ριδείς*, *Παν(ο)κολεώτης*, *ἀπελήλ(υ)θε*, *Σαρ(α)πιείωι*, *συνκ(ει)μένων*, *μουν(υ)χιών*, *αὐτ(η)ναιος*, sogar *Βε(ρε)νίκην*.[322]) Von den zahlreichen Verschreibungen, bezgsw. Abkürzungen ähnlicher Art seien nur notiert: *ἐξ(ε)νηνεκμέναι* (sic), *μ(ε)χείρ*, *ἄμ(η)τος* (Kuchen), *γραμ(α)τεῖ* (sic), *-γραμμ(α)τεῖ*, *Σα(ρα)-πιείωι*.[323])

2. **Hyphaeresis**, d. h. Ausfall eines Vokals vor oder nach einem Vokal[324]), kommt in den Papyri

---

p. 23, daſs der Abschreiber die Negation *οὐκ* vor *οἶδα* etc. durch Punkte getilgt vorfand, aber jedesmal nur *οὐ* weglieſs, das κ aber beibehielt.

315) *ἐν τοχῆι* Brit. p. 26, 2 (a. 161). *τὸ θῆκον* ibid. 18, 22 (a. 161). *τὴν θήπουσαν* Leid. E. 20 (a. 162). *σημβρινός* Par. 1, 377 (vor. 165). *Schm. Att.* IV, 663.

316) *περ τῶν* [oder [ὑ]*πὲρ τῶν*?] Brit. p. 9, 6 (a. 162). *G. Meyer²* 402. *Hatzidakis* 153 ff.

317) *ἐθέλεις* I Fl. P. 5, 3, 6 (= Phädo 68D, wo die lect. vulg. *ἐθελήσεις* hat) c. 300 v. Chr.

318) *ἂν θεὸς θέλει* I Fl. P. 6, 2, 7 (= Phädo 80D. vulg. *ἐθέλῃ*) c. 300; *ἂν θεὸς θέληι* I Fl. P. 2, 3 (Antiope) c. 250. — *θέλω* I Fl. P. 11, 9 (a. 220); II Fl. P. 42, c, 10 (c. 250); Par. 50, 16 (a. 160). *θέλις* (= *θέλεις*) Par. 44, 5 (a. 153). *θέλει* II Fl. P. 11, 2, 6 (3. Jahrh.). *θέλ[η]ς* Par. 58, 11 (a. 165). *θέλειν* Par. 49, 23 (a. 160); II Fl. P. 50, 3, 30 (= Laches 191A. vulg. *ἐθέλειν*) c. 300. — *ἤθελον* Par. 51, 31 (a. 160).

319) Zu *ἂν θεὸς θέληι* vgl. vorige Note. *νῦν ἂν ὀργισθῶμεν* AEF I, 1, 24; ibid. 19 *ἐὰν θ' ἐνὶ προςκαθεῖ* wird *ἐὰν* durch Synizese einsilbig (asch 173).

320) *ἐξ οὗ ἐὰν αἱρῆται* AEF 18, 27 (a.132). Spätere Beispiele Papyrus Erzherzog Rainer IV, p. 54, 14 *καθ' ὃν ἐὰν αἱρῶται* (271 nach Chr.); Par. 21, b, 19 *ὅπως ἐὰν βοληθῆς* (592 nach Chr.). *Schm. Attic.* IV, 124.

321) *K. Bl.* I p. 181.

322) *περιστερθείς* Gr. H². 14, b, 5 (a. 264 oder 227). *Παγκολεώτης* I Fl. P. 16, 2, 5 (a. 239). *ἀπελήλθε* Brit. p. 28, 18 (a. 161). *Σαρπιείωι* Brit. p. 18, 8 (a. 161). *συγμένων* Par. 63, 2, 50 (a. 165). *μουγχιών*, *αὐτναιος* = *αὐθηναιος* (Monate) Par. 4 (unbest.) *Βενίκην* I Fl. P. 14, 20 (a. 237).

323) *ἐξηνεκμέναι* (sic) Brit. p. 18, 21 (a. 161). *μχείρ* ibid. p. 25, 11 (a. 161). *ἄμτος* Leid. C p. 93, 4, 9 (a. 164—160). *γραπτεῖ*, *-γραμμτεῖ* Brit. p. 41, 111/112 u. 118 (a. 158). *Σαπιείωι* Brit. p. 15, 4 (a. 162).

324) *K. Bl.* I, 182.

6

weit häufiger vor als in früherer Zeit, wohl infolge der vulgären Aussprache. Am häufigsten fallen aus:

a. ι (als Halbvokal)[325]) in: κυρ(ι)ευούσης, ἐνύπν(ι)ον, λαγάν(ι)α, λειτουργ(ι)ῶν, ἥλ(ι)ον, ἡμ(ι)-όλιον, ὠιτιν(ι)οῦν.[326]) Wo ein betontes ι ausfällt, darf man wohl einen Schreibfehler vermuten.[327])

b. ο in: οἶμαι, οἱ(ο)μένων, ὤμην, πορευ(ό)μενον. In Eigennamen: Ἡρακλει(ο)πολίτην, Θέφι-λος (= Θεόφιλος).[328]) Über Πτολεμᾶις, ἡμιόλιν etc., Σαραπιῆν, ἐγμαγῆν, ἔλαν vgl. Kontraktion § 24.

c. ε in περιστερ(ε)ών (Taubenschlag). — Dagegen ἴναι, προσίναι = ἰέναι, προσιέναι sind Analogiebildungen zu ἴμεν, ἴτε, daher ἴ, nicht ῑ.[329])

d. α in: ὀντινοῦν.[330]) In 2 schlecht geschriebenen Papyri häufen sich Formen, wie: διδόχων, δισαφῆσαι, διλούονται, τρίχοντα.[331])

e. η in Formen von ποιέω, vgl. oben § 6, Note 68.

f. υ in λινοφάντη statt λινοϋφάντηι (oder λινυφάντηι).[332])

§ 23.
Prothese und Epenthese.

1. Euphonische Prothesis[333]) des Vokals α vor σπ (wie in ἀσπαίρω, ἀσπάλαξ neben σπαίρω, σπάλαξ) zeigt ἀσπασάμενος statt σπασάμενος.[334])

2. Ein Beispiel von Vokalentfaltung (Epenthese)[335]) im Inneren zwischen 2 Konsonanten ist μελιχεράου (sic) an Stelle des geläufigen μελιχρόου.[336])

---

325) G. Meyer² 220.

326) κυρευούσης Par. 13, 12 (a. 157) — möglicherweise Nebenform κυρενέω neben dem gewöhnlichen κυριεύω; z. B. ἐκυρίευσαν Par. 14, 17 (a. 127); κεκυριευκότων ibid. 15, 13 (a. 120). — ἐνύπνον Leid. U 2, 6 (2. Jahrh.). — λαγάνα Leid. C p. 93, 4, 2; 5; 12 neben λαγάνια (Z. 2) G. Meyer l. c. will in diesem Wort palatales ι erkennen; übrigens kann λάγανον ebenso gut Primitivform zum Diminutiv λαγάνιον sein. — λειτουργῶν (gen. plur. v. λειτουργία) Erit. p. 46, 17 (a. 146—135) — spirantisches γ (?) — ἥλον (Sonne) Par. 1, 304 (erste Hand nach Blaſs) vor 165. — ἡμόλιον Gr. H.² 18, 15 (a. 127). ὠιτινοῦν II Fl. P. 8, 3, 9 (a. 267) neben ὠιτινιοῦν R. L. 49, 18 (a. 259); ἡτινιοῦν ibid. Appendix II, 2, 11 (c. 257); ἡτινιοῦν Leid. U 4, 15 (2. Jahrh.).

327) οὖσαν = οὐσίαν Par. 23, 15 (a. 165). νέκραν = νεκρίαν ibid. Z. 14 [vgl. νεκρίαν Taur. I 1, 20 (a. 117).] παιδάροις = παιδαρίοις II Fl. P. 4, 2, 11 (a. 255), nachher Z. 12 u. 13 ff. wiederholt παιδαρίοις.

328) οἶμαι II Fl. P. 39, g, 13 (3. Jahrh.); Leid. C. p. 118, 1, 16. Daneben οἰομαι ibid. col. 2, 19 (a. 160). οἱμένων Par. 63, 12, 87 (a. 165). ὤμην (sic) Par. 50, 17 u. 21; 51, 2 u. 29 (a. 160). πορεύμενον Par. 50, 7 (a. 160). — Ἡρακλειπολίτην Par. 22, 13 (a. 165). Θέφιλος II Fl. P. 28, 9, 22 (3. Jahrh.) — nach G. Meyer² 193 durch Elision vor Vokalen entstanden und auf Komposita mit konsonantisch auslautendem zweitem Glied übertragen. Sonst Θεόφιλος, Θεόδωρος, Θεόδοτος, Θεοκλῆς, Θεογένης, Θεοφάνης etc. an vielen Stellen.

329) περιστερών statt des gewöhnl. περιστερεών AEF 21, 9; 11; 17 (a. 126) — möglicherweise auch zwei verschiedene Bildungen. — ἴναι Par. 47, 17 (c. 153). προσίναι ibid. 63, 4, 109. Vgl. Strabo p. 408 Cas. Phryn. 15. Schm. Att. I, 230. G. Meyer² 564.

330) ὀντινοῦν R. L. 34, 16 (a. 259/58). Par. 63, 11, 60 (a. 165). Taur. IV, 22 (a. 117); VIII 24; XII, 15 (a. 119).

331) διδόχων, δισαφῆσαι Brit. p. 17, 14 u. 17 (a. 161). διλούονται = διαλύονται, τρίχοντα Brit. p. 25, 20; 26, 17 (a. 161).

332) λινοφάντη Par. 53, 14 u. 30 (c. 163). Entweder ist der Anlautvokal υ geschwunden oder mißverständliche Analogie (λινϋφάντη). Schmid, G. G. A. 1895. I, 46. K. Bl. I, 183.

333) K. Bl. I, 185 ff. G. Meyer² 165 f.   334) Par. 23, 7 (a. 165).   335) K. Bl. I, 188 ff. G. Meyer² 157 ff.

336) μελιχεράου AEF 33, 33 (a. 103). Belege für μελιχρόου vgl. Note 349.

§ 24.

Kontraktion.[337])

Vorbemerkung. Das meiste aus diesem Gebiet gehört in die Formenlehre; hier sei nur vorläufig auf einzelne Punkte hingewiesen.

1. Die Papyri schreiben: ἔαρ, ἔαρος, ἐαρινός[338]); στέαρ[339]); φρέατα[340]); dagegen ἡμίση (neutr. pl.), nicht ἡμίσεα.[341])

2. Die mit Θεο- beginnenden Eigennamen haben selten die kontrahierte (Θευ-), gewöhnlich die unkontrahierte Form, z. B.: Θεύδωρος, Θεύτιμος, gewöhnlich aber Θεύδωρος, Θεόδοτος, Θεογένης, Θεοφάνης, Θεόφιλος etc.[342]) Über Θέφιλος vgl. § 22, 2, b.

3. Es wird geschrieben: νέον, aber stets νουμηνία, Νουμήνιος[343]); ἡμίσους, nicht ἡμίσεος.[344])

4. Nur einmal begegnet im gen. plur. bei einem S-Stamm die offene Form auf -έων in βλαβέων (v. βλάβος)[345]); dagegen stets πηχῶν.[346])

5. ἀλιέως, nicht, wie die strenge Ἀτθίς vorschreibt, ἀλιῶς, bildet das 2. Jahrh. v. Chr.[347]) Den regelmäßigen Formen γονέων, σκυτέων, ἱερέων gegenüber hat nur ein unfertiges Brouillon die kontrahierte Form ἱερῶν.[348])

6. Neben der gewöhnlich offenen Form ὀγδόου kommt ὄγδου, ὄγδουν vor; ebenso ἄθρουν. Man findet sowohl ἡμίχουν, δωδεκάχου, χρυσοχοῦς, μελίχους oder μελίχρως, μελάγχρου, als auch τετραχόωι, ὑδροχόος, μελαγχρόου, μελιχρόου; gegenüber von τριπλοῦν, πενταπλοῦν, διπλῆν, διπλᾶ, einmal δίπλειον (= falsch aufgelöstem δίπλεον).[349])

---

337) K. Bl. I, 200 ff., namentlich 217 f.

338) ἔαρ Par. 1, 481 (vor 165). ἔαρος Par. 66, 59 (nach Mahaffy 3. Jahrh. v. Chr.). ἐαρινή Par. 1, 25; ibid. ἐαρινάς 47 (vor 165).

339) στέαρ R. L. 50, 14 (a. 259).

340) φρέατα AEF 21, 8 (a. 126).

341) ἡμίση Brit. p. 10, 21 (a. 162).

342) Θεύδωρος II Fl. P. 13, 12, 1 (a u. b), sowie außen Θευδώρωι (a. 258—253). Mahaffy citiert dazu Petrie Naucratis II p. 65 nro 781 Θεύτιμος. Θεόδωρον II Fl. P. 13, 19, 11 (a. 258). — Θεόδωρος II Fl. P. 9, 1, 3 (a. 241). Θεόδωρου I Fl. P. 14, 23 (a. 257). Θεογένης ibid. 16, 2, 4 (a. 230). Θεοφάνης II Fl. P. 21, c, 4 (3. Jahrh.). Θεόφιλος II Fl. P. 28, 2, 9 (3. Jahrh.). Θεοκλῆς I Fl. P. 16, 1, 2 (a. 230) u. s. w.

343) νέον Gr. H.² 29, 14 (a. 102). Par. 7, 9 (a. 100). — νουμηνία II Fl. P. 4, 2, 6 (a. 255); I Fl. P. 19, 20 (a. 225); Par. 1, 68; 92; 404 (vor 165). Νουμήνιον II Fl. P. 17, 3, 9 (3. Jahrh.). Vgl. Phryn. 148, wo νεομηνία verworfen wird.

344) ἡμίσους Brit. p. 46, 7; 9; 19; 21 u. s. w. (a. 146—135); vgl. Note 93. K. Bl. I 443 Anm. 11.

345) βλαβέων Taur. XIII, 14 (a. 137).

346) πηχῶν II Fl. P. 41, 3 u. 4 (3. Jahrh.); Par. 14, 14 (a. 127); 15, 43 (a. 120.) Wilck. Act. I, 2, 5 (a. 131). Taur. I, 5, 10; 6, 17 (a. 117) u. oft. Statt πήχεων Par. 5, 1, 8 = Leid. M 1, 22 ist in Übereinstimmung mit col. 2, 2 πήχεως zu lesen. Vgl. Deifsmann, Bibelstud. I 152. W. Schm. 88.

347) ἀλιέως Leid. P. 16 (2. Jahrh.).

348) γονέων Par. 15, 65 (a. 120). σκυτέων ibid. 5, 3, 3 (a. 114). ἱερέων Par. 10, 25 (a. 127). — ἱερῶν = ἱερέων Par. 28, 6 (a. 160).

349) ὀγδόου AEF 10, 1 (a. 174). Zoisp. II, 10 u. 33 (a. 138). Gr. H.² 23, II, 1 (a. 101). ὄγδου Par. 1, 314; ὄγδουν ibid. 105 (vor 165). ἄθρουν II Fl. P. 11, 1, 7 (3. Jahrh.); I Fl. P. 30 Comment. p. 89, Z. 3 von unten (3. Jahrh.). — ἡμίχουν II Fl. P. Einl. p. 32, Z. 3 (3. Jahrh.); Par. 43, 3 (a. 156). δωδεκάχου R. L. 45, 4 (a. 259). χρυσοχοῦς Par. 5, 12, 2 (a. 114). μελίχους I Fl. P. 14, 7 u. 22; 15, 6; 16, 1, 2; 18, 2, 9 (a. 237);

6*

7. Die Vereinfachung der Nominat.-Endung -ιος in ις, ιον in ιν findet sich nicht nur bei Eigennamen wie Πτολεμᾶις = Πτολεμαῖος, sondern auch im nomen appellat. und adiect., wie ἐγκοιμήτριν, ἡμιόλιν, ἀργύριν. [350])

8. Durch Kontraktion entstanden erscheinen Formen wie Σαρακιῆν (aus Σαρακιεῖον mit Übergang des εε in η), ἐγμαγῆν (aus ἐκμαγεῖον, Serviette), ἔλαν (aus ἔλα(ι)ον). [351])

9. Der Dativ von Ζεύς lautet einmal (vor folgendem ι) Δί. [352])

10. Die Komparative auf -ίων, -ίονος und -ων, -ονος bilden den Accus. sing. masc. und fem. gen., sowie den Nom. und accus. plur. gen. neutr. im 3. Jahrh. v. Chr. überwiegend auf ω (ω : ονα = 8 : 3), im 2. Jahrh. gewöhnlich auf ονα (ονα : ω = 6 : 1).

Dagegen lassen sich im Nomin. und Accus. plur. männlichen und weiblichen Geschlechts nur die kontrahierten Formen auf -ους nachweisen. [353]) Einmal steht (wohl durch ein Versehen?) πλέων statt πλεόνων. [354])

II Fl. P. Einl. p. 23, 7 (a. 238). μελίχρως I Fl. P. 14, 1; 13, 3, 7 (a. 237); 17, 1, 9 (a. 235); 20, 1, 7 (a. 225). Gr. H.² 15, 1, 14 (a. 139). AEF 27, 2, 6; 3, 9 (a. 109); Leid. M 1, 5 = Par. 5, 1, 5 (a. 114); Leid. N 2, 6 (a. 103). — μελάγχρον I Fl. P. 21, 14 (a. 237). — τετραχύοι Gr. H.² 24, 13 (a. 105). ὑδροχόος Par. 1, col. 24 Constellation (vor 165). μελαγχρόου AEF 27, 2, 7 (a. 109); Gr. H.² 23, II, 6 (a. 107). μελιχρόου AEF 25, 2, 11 (a. 114); Gr. H.² 15, 1, 3 (a. 139). μελιχερῶον (mit Vokalentfaltung, vgl. § 23, 2) AEF 33, 33 (a. 103). — τριπλοῦν Rev. L. 19, 14; 33, 18 (a. 259). πεντεπλοῦν ibid. 11, 6; 40, 8. διπλῆν ibid. 25, 15. διπλᾶ Wilck. Act. IV, 2, 22 (a. 131). δίπλειον II Fl. P. 13, 17, 4 (a. 254). Vgl. Note 159.

350) Πτολεμᾶις Par. 23, 19 u. 29 (a. 165). ἐγκοιμήτριν Par. 53, 8 (c. 163). ἡ]μιόλιν R. L. 54, 3 (a. 259). πρὸς ἀργύριν citiert Grenfell Rev. L. Append. III, p. 200 aus Wilck. Ostrac. 329. Die Vermutung von Hatzidakis p. 317 ff., daß solche Bildungen auf römische Vorbilder zurückgehen, wird durch diese Belege aus so alter Zeit höchst fraglich und unwahrscheinlich.

351) Σαρακιῆν Par. 47, 20 (a. 153); 58, 16 (a. 165). ἐγμαγῆν Par. 53, 43 (a. 163). ἔλαν Par. 31, 11 (a. 163). Vgl. oben § 11, 10, Note 128 u. § 10, 4.

352) Δί ἱκανᾶς (sic) Par. 63, 1, 6 (a. 165). G. Meyer² 201.

353)

a) Formen auf -ω.

πλείω	R. L. 58, 8. 60, 16	. . . .	a. 259.
„	II Fl. P. 13, 11, 1	. .	a. 258—53.
πλέω	„ „ „ 4, 11, 7	. .	a. 255.
πλείω	„ „ „ 9, 2, 10; 12, 2, 12; 12, 3, 18	a. 241.
μείζω	I Fl. P. 21, 15	. . . .	a. 237.
„	„ „ „ 20, 1, 13	. .	a. 225.
πλῆω	Leid. C. p. 118, 2, 17	. .	c. 160.

b) Formen auf -ονα.

πλείονα	R. L. 99, 5	. . . .	a. 259.
πλέονα	II Fl. P. 13, 4, 9	. .	a. 255.
„	„ „ „ 9, 2, 3	. .	a. 241.
πλείονα	Par. 26, 36	. .	a. 163.
μείζονα	Brit. p. 13, 15	. .	a. 162.
„	„ „ 34, 27	. .	a. 161.
μείονα	Wilck. Act. III, 1, 13	. .	a. 131.
πλείονα	Par. 15, 62	. . . .	a. 120.
„	Taur. I, 7, 25	. . . .	a. 117.

c) Formen auf -ους.

ἐλάσσους	R. L. 59, 8; 57, 8	. .	a. 259.
πλείους	II Fl. P. 18, 1, 10	. .	a. 246.
βελτίους	„ „ „ 12, 1, 16	. .	a. 241.
πλείους	„ „ „ 32, 2, 16 a	. .	3. Jahrh.
πλείους	Par. 62, 6, 4	. .	c. 170.
ἐλάττους	Par. 1, 420	. .	vor 165.
ἐλάσους	(sic) Par. 1, 435	.	„ „
μείζους	(2 mal) Par. 1, 436	.	„ „
πλείους	Leid. H 11	. . . .	a. 99.

354) πλέων = πλεόνων II Fl. P. 32, 2 a, 21 (3. Jahrh.).

§ 25.

Hiatus und Synizese.

1. Ein auffallender Hiatus wiederholt sich mehrfach im Chrysippuspapyrus (Par. 2) zwischen der Negation οὐ und dem dazu gehörigen Begriff, wie col. 2: οὐ ἀληθῶς, οὐ ἀντίκειται; col. 3: οὐ ἀπεφήνατο (neben οὐκ ἀπεφήνατο); col. 4: οὐ Ἀνδρομάχη; col. 5: οὐ ἀντίκειται, οὐ ἀληθές; ebenso col. 6—11 und οὐ ἔστιν; col. 12: οὐ Ἀγαμέμνων; col. 7: οὐ οὕτως u. s. w. Eine paläographische Erklärung giebt es nicht; auch an ein Versehen ist nicht zu denken Und wenn Th. Bergk, Commentatio de Chrysippi libris περὶ ἀποφατικῶν p. 24 meint: „Fortasse Aegyptii, qui graeca lingua usi sunt, ubique οὐ dicere soliti sunt, omninoque asperior fuit Aegyptiorum graeca dialectus" —, so fehlen in den nunmehr so zahlreich erhaltenen ptolemäischen Urkunden hiefür alle Anhaltspunkte. Vielmehr legt es der Zusammenhang der ganzen Schrift des Chrysippos nahe, dafs diese ganz vereinzelte Erscheinung irgendwie mit der stoischen Dialektik zusammenhängen mufs, die vielleicht in der vorliegenden Gegenüberstellung kategorischer und negativer Urteile die Negation dadurch betont und hervorhebt, dafs sie dieselbe für sich stellt. Also οὐ ἀντίκειται eigentlich nicht = „es steht nicht gegenüber", sondern „ein οὐ steht gegenüber". — Im 12. Vers des Akrostichons vor dem astronomischen Papyrus (Par. 1) darf der Hiatus ἀνέλθη ὁ χρόνος um so weniger auffallen, als es dem versifex in erster Linie um die Zahl der Buchstaben im Verse zu thun ist.

2. Im erotischen Fragment (AEF 1, nach 173 v. Chr.) col. I, 19 mufs ἐάν im Dochmius ἐὰν δ' ἐνὶ προσκαθεῖ (- ◡ ◡ ⏑ ◡ ⏑) per synizesin gelesen werden.